ステップアップ
介護

よくある場面
から学ぶ

# 疾患・症状への
対応

先崎章＝監修

安西順子＝編著

中央法規

# はじめに

　「ステップアップ介護」は、介護職の皆さんが専門職として新たな一歩をふみ出すためのシリーズです。日頃（ひごろ）の業務のなかで、「やってしまいがち」「よかれと思ってやっている」「あいまいなままやっている」「よくわからなくて困っている」といった場面はないでしょうか。本シリーズでは、介護現場によくある場面をイラストで紹介し、具体的にどのように考え、対応したらよいのかをわかりやすく解説しました。

　基本的には、一つの場面を4ページで展開しています。前から順に読んでいただくことも、場面を選んで読んでいただくこともできるようになっています。ぜひ、パラパラとめくってみてください。きっと気になる場面が出てくると思います。

　また、本シリーズは、複数の介護事業所へのヒアリングをふまえ、「介護職が押さえておきたいテーマ」「職員研修で必ず取り上げるテーマ」として共通するものをラインナップとしてそろえました。根拠（こんきょ）となる知識や応用的な知識も収載していますので、新人研修や事業所内研修にも、ぜひ活用してください。

　本書『よくある場面から学ぶ疾患（しっかん）・症状への対応』は、主に高齢者の日常生活のなかで出会うあるある場面を選びました。例えば、昔からよく言われる、「鼻血が出たら、上を向かせて首の後ろをたたく⁈」など、都市伝説のように流布し、それが根拠のない誤った知識として一般社会に出回っていたものがあると思います。

　私たちが日常生活を送るうえで、正しいと思ってやってきたことが、実はとんでもない誤った対応だった、ということもいくつかあります。それらを一つひとつの事例から根拠を導き、解説していきたいと思います。

　例えば、熱が出た場合でも、寒気を訴えたら保温する、顔が赤く

からだ全体がほてってきたら冷やす、というようにそれぞれの場面で対応が異なり、介護職の初期対応が大切になってきます。それに誤った対応をしてしまうと、高熱のある人をさらに保温してしまうことで熱性痙攣を起こしてしまう危険性があります。医療職の指示を待つ間、一番身近にいる介護職が、気づき、適切な対応をすることで、重篤にならずに済むこともあります。

　疾患・症状への対応以外にも、医療職へ報告する際の観察のポイントも大切になります。平熱や平常時の血圧等も念頭に置き、いつもとどう違うのか、数値のみならず、食欲の有無、顔色や表情、声のトーンなども含め、その人の日常的な様子をふまえて、五感で感じたことを報告する大切な役割を介護職は担っています。

　本書を参考にしていただき、再度介護職で日常を見直し、共有して学ぶ好機となり、介護職の役割と責任を果たす一助となりますよう願っています。

　なお、本書の巻末には、「医師法第 17 条、歯科医師法第 17 条及び保健師助産師看護師法第 31 条の解釈について（通知）」（医政発第 0726005 号）を収載しております。本書のすべての項目は、この通知をふまえて記述していることを申し添えます。


　最後に、シリーズキャラクターである「つぼみちゃん」「はなこ先輩」とともに、自分で考え、実践できる介護職として成長し続けるために、また、事業所全体の介護をステップアップさせるために、本書をご活用いただければ幸いです。

2020 年 3 月

監修　先崎　章

編著　安西順子

## Part 3 疾患別の対応

## Part 4 緊急時の対応

## Part 5　その他

## 資料

## キャラクター紹介

**つぼみちゃん** —— TSUBOMI CHAN

介護施設で働きはじめたばかり。憧れのはなこ先輩のように、花咲くことを夢見て一生懸命介護の仕事をがんばっている。
好きな食べ物はパンケーキ。おひさまを浴びることが大好き。

**はなこ先輩** —— HANAKO SENPAI

つぼみちゃんの教育係の先輩。素直でいつも前向きなつぼみちゃんを応援している。
好きな果物はリンゴ。ミツバチと小鳥がお友達。

# Part 1

## 発熱・下痢・嘔吐

発熱や下痢、嘔吐などは、からだの不調によって起きるものだね。

それぞれの症状の特徴や対応方法を紹介していくよ。

## ① 発熱したときは、すぐに冷やすのがよい？！

**考えてみよう！**　発熱時はすぐ冷やすのがよいのかな？

　介護職のAさんが利用者のCさんの体温を測定したところ、37.5℃ありました。すぐにCさんのからだを冷やすことにしましたが、Cさんは「寒い」と言ってふるえてしまいました。

　熱が出たら冷やすのは当然の対応にみえるけど、ダメなのかなあ？

　Cさんは「寒い」と言っているのに、冷やす対応でよいのかな？

**確認しよう!**　どこがダメなの?　何がダメなの?

### チェック **1**　発熱の原因を確認せず、すぐに冷やしている!

　高齢者は加齢に伴い、体温を調節する機能がおとろえます。利用者が「寒い」と訴えているときは、からだがさらに熱を出すことで、細菌と戦おうとしている状態です。このままからだを冷やして体温を下げてしまうと、免疫機能を下げてしまうことになります。

### チェック **2**　ほかの症状を観察していない!

　発熱にはさまざまな原因があり、それに伴い症状も多岐にわたります。発熱の主な原因と症状は以下のとおりになります。

**風邪**

　くしゃみ・鼻水・咳、咽頭痛などがみられる。嘔吐や下痢などの胃腸炎症状なども生じる。

**肺炎**

　咳や痰・呼吸困難・胸痛など

**インフルエンザなどのウイルス性疾患**

　急な高熱(38.0℃以上で、関節痛を伴う頭痛・倦怠感・悪心など)

**尿路感染**

　頻尿・残尿感・排尿痛・濃縮尿・混濁尿・悪心・血尿など

**その他**

　悪性腫瘍など

 **こもり熱**

　からだが熱くなる高体温には「発熱」と「こもり熱」があります。
　高齢者は、体温の調節機能がおとろえることから、衣類や寝具の調整ができず、つい衣類を着込んでしまい、熱がこもってしまうことがあります。また、気温が体温より高くなると、熱がからだの外に放出できずに熱中症が起きます。

体温や血圧などの目先の数字だけでなく全体を
みよう！

## ポイント **1**　医療職に報告し、原因を探ったうえで、対応を考える

　一般的な風邪症状の場合は、初期であればうがいをし、温かい飲
み物を飲み、マスクなどで喉の粘膜を保護し加湿をします。

　尿路感染の場合は、初期症状に気づき、医療につなげます。

　こもり熱の場合は、目の焦点が合わない、ぐったりしているため、
部屋の換気、エアコンの温度調整、衣類・寝具の調整または、水分
補給等の対応をします。顔色、表情、尿量の減少、唇や口腔内・皮
膚の乾燥や、腋の下に湿り気を感じないときなど、熱中症のリスク
をいち早く察知できます。ほかに咳や痰が続き、飲食の際にむせが
よく起こる場合は、誤嚥性肺炎を疑います。

## ポイント **2**　体温を下げるタイミングを考える

　発熱の場合は「冷やすタイミング」が大切です。「寒い」と訴え
ているときは、ホットパックなどで保温します。手足やからだ全体
が熱くなったら、衣類などを薄くしてクーリングをします。3点クー
リングと5点クーリングがあり、冷やす箇所は以下のとおりです。

> 3点クーリング：頭部、両腋下
> 5点クーリング：頭部、両腋下、両鼠径部

## ポイント **3**　ほかの症状を把握する

　体温だけをみるのではなく、いつもの様子と何が違うのか比べる
ことが大切です。全身の状態を観察し、肺炎等の場合は、呼吸困難
におちいることも考えたうえで、パルスオキシメーターを装着しま
す。できれば自動血圧測定器による血圧測定などをして、医療職に
報告できるようにします。

## ● 発熱はからだからの防衛反応のサイン！　継続的に観察しよう！

　寒い日に、たくさん着込んで暖房の前にじっとしていれば、誰でも体温は上がります。水分をとっていなければ脱水により発熱することもあり、関節痛や倦怠感がある場合はインフルエンザも考えられます。2、3日前から咳や痰が続いているという場合は、肺炎の可能性もあります。

## ● 再発を予防しよう！

　発熱の原因がわかれば、再発予防に努めることも重要です。発熱という症状から、ふだんの生活を振り返ることができます。また、冬は、特に空気が乾燥し、風邪などの感染症が流行しやすい時期で、夏は脱水を起こしやすい時期です。常に快適な生活環境を確保できるよう配慮しましょう。

| 疾患 | 予防の方法 |
|---|---|
| 誤嚥性肺炎 | 食事の姿勢（やや前かがみであごを引く姿勢）、食形態などの検討 |
| 脱水 | 水分補給（一口ずつ何度もわける）、水分量の把握、排泄回数、便や尿の観察 |
| 尿路感染 | おむつ使用の是非、排泄介助の見直し、陰部洗浄方法の見直しなど |
| 風邪 | 栄養・休息をとる、手洗い・うがいをする、免疫力を上げるための体操をする、散歩をする、体力をつけるなど |

## ② 発熱時には、解熱剤が効果的?!

解熱剤を
ください!

**考えてみよう!** 熱があるというだけで、解熱剤を服用させてよいの
かな?

　発熱が続いている利用者のDさんは、解熱剤（げねつざい）を飲みたいと望ん
でいます。介護職のAさんが体温を測ったところ、熱が38.0℃あっ
たので、解熱剤を服用させてよいか医療職に相談することにしまし
た。

解熱剤を早めに飲んでいれば、それだけ回復も早くなるん
じゃないかなあ?

熱があるというだけで、解熱剤を飲ませてよかったのかな?

確認しよう！ どこがダメなの？ 何がダメなの？

### チェック 1 発熱の原因を確認せず、安易に解熱剤に頼ろうとしている！

　利用者の発熱の際、介護職はあわてず慎重に経過をみることが大切です。発熱の原因を確認せず解熱剤を服用させることで、その人がふだんから飲んでいる薬の効果が強まったり弱まったりしてしまうことも十分考えられます。

　また、解熱剤を使って、急激に熱を下げることを優先すると、免疫力の低下や回復の遅れを招くおそれがあります。慎重に利用者の状態を観察しないと、発熱の原因となる重大な病気（感染症など）を見落としてしまうことがあります。そのほか、眠気や嘔吐などの副作用が起こる可能性があります。

### チェック 2 利用者が日頃、飲んでいる薬を確認していない！

　Dさんに処方されている薬などを把握していない状況で解熱剤を飲ませてしまうことは、解熱どころか、副作用などにより命の危険にさらしてしまうことにもつながりかねません。薬と薬の相性が悪ければ、症状を悪化させてしまうことも考えられます。

解熱剤の副作用で、症状が悪化することもあるんだね。

**どうしたらいいの？** 薬に頼る前に行うべき観察のポイントを確認しよう

## ポイント **1** 発熱の原因を見きわめるための観察をしよう

　利用者の状態を観察し、まずは薬に頼る前に行うべきことを考えましょう。観察するポイントは、以下のとおりです。

> ・意識はあるか　・呼吸状態は正常か
> ・いつから何℃の熱が出ているのか
> ・厚着や室温の状況で体温が上がっているのか
> ・咳や痰、鼻水は出ていないか　・頭痛や頭重感はないか
> ・喉の痛みはないか　・顔色はよいか　・悪寒がしていないか
> ・脈拍はとれているのか　・吐き気はないか

## ポイント **2** 熱を無理に下げようとしない

　発熱は外敵（細菌やウイルス）と戦うために自然にはたらく免疫力です。風邪のウイルスを増殖しにくくしたりする効果もあるため、一律に熱を下げる必要はありません。

　体温が高いときは、まず、①水分が十分にとれていなければ、スポーツドリンクなどで水分を補給したり、②室温の調整および加温、衣類の調整、③利用者が暑いと訴える場合は、掛物を調節したり、**クーリング**（p.4）を行います。

## ● 快適に休むことができる配慮をしよう

汗をかいていれば着替えや清拭を行ったり、可能であれば食事や水分をとってもらうことや、クーリングをして、快適に休める状態や環境を整えましょう。

医療職に報告のうえ、氷や保冷剤などを使って体熱を下げて、様子観察をし、それでも下がらないようであれば、医療機関を受診します。

高齢者の場合、高い熱や、長引く熱のときは、体力を消耗してしまい、水分や睡眠をとりにくくなることもあります。

そうした場合には、解熱剤を服用してもらい、水分や栄養をとったり、睡眠をとるなど、効果的な使い方ができます。解熱剤を投与するタイミングとしては、一般的に 38.5℃といわれています。なお、解熱剤の服用は、医師の指示があった場合に限ります。

## ● 再発を予防しよう

発熱の多くの原因である「風邪」を予防するには、以下の八つのポイントがあります。

| | | |
|---|---|---|
| ①手洗い | 石けんでウイルスや菌を洗い流す。洗った後は、清潔なタオルやペーパータオルでふいてよく乾かす。 | |
| ②うがい | 口や喉を洗浄し、痰などを除去しやすくする。自浄作用を促進する。 | |
| ③水分補給 | 体内の水分バランスを整える。水分不足を補う。 | |
| ④栄養 | バランスのとれた食事をとる。 | |
| ⑤睡眠 | 規則正しい生活と睡眠をとる。 | |
| ⑥リラックス | ストレスで抵抗力が低下する。過労は禁物。 | |
| ⑦保温 | 湯冷めは禁物。衣類・室温にも気をつける。 | |
| ⑧保湿 | 部屋の換気や加湿で喉の粘膜を保護する。マスクには鼻や喉の保湿効果もある。 | |

## 3 下痢をしたときは、下痢止めが効果的？！

下痢が続いていて

下痢止めを
いただきたい
のですが……

考えてみよう！　下痢が続く利用者への対応は？

　利用者のEさんは、昨日から下痢（げり）が続いているようです。今まで薬の服用はなかったので、介護職のBさんは、医療職にEさんの下痢止め薬の服用を相談することにしました。

 昨日から続いているんだし、下痢止めを飲ませたら早く治るんじゃないのかなあ？

 下痢の原因もわからないうちから下痢止めを飲ませてしまっていいのか考えてみよう！

**確認しよう！**　どこがダメなの？　何がダメなの？

#### チェック **1**　安易に下痢止めの服用に頼っている！

　下痢の原因としては、冷たい飲み物のとりすぎ、寝冷え、暴飲暴食などが考えられますが、ウイルスや細菌による場合もあります。特に、ウイルスや細菌による場合、服用する薬の種類によっては病原菌が腸内にとどまったり、病原菌が見つからなかったりして、かえって状態を悪くしてしまいます。

　また、食中毒や細菌感染で起こった発熱や血便を伴う下痢など、腸の中にある毒素や異物を早く取り除くため、安易に腸の蠕動運動を止めてはならない場合もあります。下痢止めによっては尿が出にくくなる、口が渇くといった副作用が現れることもあります。

#### チェック **2**　下痢以外の症状を観察していない！

　下痢は、腸による防御反応の一つです。観察していないと、風邪やウイルス性腸炎、インフルエンザ、悪性腫瘍（がん）など意外な疾患を見落としてしまう危険があります。

#### チェック **3**　脱水の危険性を考えていない！

　下痢によって体力を消耗し、あるいは尿が少なくなったり、口が異常に渇いたりするなど、脱水症状の危険な状態を招きます。

 **下痢止めの薬**

　下痢止めの薬にはいくつかの種類があります。医師が処方する薬としては、腸の蠕動運動を抑える薬、腸への刺激を抑える薬、便の中の水分を吸い取り便を固める薬、ビフィズス菌などの整腸薬などです。なかには、副作用が起こるものもあり、原因に応じて使い分けられています。

**どうしたらいいの？** 介護職にできる対応を考えよう

### ポイント 1　いつから下痢が続いているのか確認する

　数日前からのEさんの生活環境や食生活を振り返ることが重要です。部屋の環境が乱れていたことから、寝冷えをしていたり、睡眠不足になっていなかったか、また、ケース記録の食事面を振り返り、食べすぎ・飲みすぎなどはなかったかなどを確認しましょう。

### ポイント 2　無理に下痢を止めようとしない

### ポイント 3　脱水への対応を行う

　下痢が続いている場合は、多くの水分が体外に排出され、脱水症状となるおそれがあります。常温以上の飲み物、またはスポーツドリンクなどの経口補水液をこまめに少しずつ分けて飲むようにしましょう。なお、冷たすぎるものはひかえるようにします。

## 下痢以外の症状の観察ポイント

下痢以外にも以下の症状を確認しましょう。
・意識障害がみられないか？
・呼吸がしっかりできているか？
・熱が出ていないか？
・口腔（こうくう）の乾燥、尿量の減少などがないか？
・便の性状変化はないか？
・腹痛・嘔気（おうき）・嘔吐（おうと）はあるか？

## ● 介護職が行う日常的なケアを確認しよう

　介護施設で働くうえで、排泄介助（はいせつかいじょ）はとても重要な仕事の一つです。下痢をしている人には早く回復してもらったほうが、介助する側も安心でしょう。下痢はたいてい数日で治ることが多いです。食欲がでてきたら、食事をはじめ規則正しい生活を送ることも下痢からの回復につながります。また、基礎体力をつけることも大切です。

　下痢はもちろん、発熱時や、下痢からくる脱水症状などの回復には、水分を十分に補給し、消化によいものを食べることがとても大切です。下痢をしているときは、体内の水分と電解質（特にナトリウムとカリウム）が失われるので、その補給が大切です。身近なところではスポーツドリンクが最適です。ただし、大量に飲むときは、水で少し薄めて、塩をわずかに溶かして飲むとよいでしょう。コーヒーや炭酸飲料はおなかに刺激を与えるのでひかえてください。そして、消化のよい炭水化物をしっかりとることで、症状は回復していくでしょう。

 ### 消化吸収のよい食べ物・悪い食べ物

**消化吸収のよい食べ物**
　お粥（かゆ）、重湯、よく煮込んだうどん、みそ汁、野菜スープ、りんごのすりおろし、アイスクリーム（脂肪分の少ない物）
**消化吸収の悪い食べ物**
　脂肪の多い肉や魚、そば、ラーメン、玄米や赤飯、生野菜や海藻、菓子パン、ケーキ、人工甘味料

下痢への対応と水分や栄養の補給は
セットで考えよう！

**4  嘔吐したら、すぐに吐き気止め？!**

先生

に吐き気止めをもらいに
行こうか……

考えてみよう！　突然嘔吐してしまったとき、どう対応すればよいの
かな？

　利用者のＦさんは居室内で突然吐いてしまいました。介護職のＡ
さんは、すぐにＦさんに水分を補給して、仰向けの状態で寝ても
らうことにしました。Ｆさんはまだ気持ち悪さが残るとのことだっ
たので、吐き気止めの薬を飲んだほうがよいか、医師に相談するこ
とにしました。

「気持ち悪い」と言っているし、吐き気止めの薬で抑えてあ
げたほうがいいんじゃないかなあ？

嘔吐した後の対応を考えてみよう！

**確認しよう！**　どこがダメなの？　何がダメなの？

**チェック 1**　仰向けに寝かせようとしている！

　仰向けに寝かせてしまうと、さらに嘔吐した場合、嘔吐物によってむせたり、嘔吐物が気管に入り、誤嚥性肺炎を引き起こすことになります。

**チェック 2**　吐き気が治まる前に水分補給している！

　嘔吐したことによる脱水症状を防ぐためにすぐに水分を補給しようと考えてしまうかもしれません。しかし、吐いた後も、胃の逆流運動は続いています。その状態で、胃に水などが入ってくると再び吐き気に襲われてしまいます。

**チェック 3**　気持ち悪さの残る状態で、吐き気止めの薬の服用を検討している！

　嘔吐した直後に吐き気止めの薬を服用すると、かえって症状が悪くなってしまう場合があります。もちろん、介護職による判断で吐き気止めの薬を服用させてはいけません。

吐き気が治まるまで水分をとらせてはいけないんだね。

　すぐに薬に頼らない対応をしよう

### ポイント 1　本人の楽な姿勢を優先する

　まずは、利用者本人にとって楽な姿勢をとってもらうことが重要です。からだを動かせる場合は、側臥位（そくがい）で横になってもらってもよいでしょう。

### ポイント 2　口の中の嘔吐物を取り除く

　嘔吐物が気管に入り込むのを防ぐため、使い捨て手袋を着用して、口の中の嘔吐物を手で取り除くようにします。このとき、口の中に深く手を入れないよう注意しましょう。手で取りきれない細かい嘔吐物は、レモン汁や食塩が少し入った水でうがいをしてもらうことで、きれいに洗い流します。うがいができない場合は、水で濡（ぬ）らしたガーゼで口の中をふきます。

### ポイント 3　吐き気が治まってから水分補給をする

　水分は、吐き気が落ち着いてから補給します。目安としては30分から1時間程度は何も飲まないほうがよいでしょう。また、何度も吐いていると水分と一緒に塩分も不足します。経口補水液をティースプーン1杯ずつ摂取（せっしゅ）し、5分おきにペースと量を調整しながら100cc程度補給するようにしましょう。

### ポイント 4　最初から吐き気止めの薬に頼ろうとしない

　胃の内容物の逆流を防ぐことや嘔吐物を喉（のど）に詰（つ）まらせないよう見守る対応など、その場でできる対応が必要になります。

## ● 嘔吐物が気管に入らないように、適切な対応をしよう

　嘔吐の対応としては、まずからだの左側を下にして横になるなど、楽な姿勢をとってもらい、嘔吐物が直接気管に入らないための対応が必要です。なお、左片麻痺がある場合は、麻痺側を下にせず、右側臥位（健側を下）にします。

　まだ吐き気があるのに吐き気止めの薬などを服用すると、さらに症状を悪化させてしまいます。吐き気が落ち着いたら、ゆっくり様子をみながら水分をとってもらうようにします。

　また、嘔吐の原因がウイルスなどによるものかもしれません。感染の拡大を防ぐため、嘔吐物の処理は迅速かつ的確に行う必要があります。処理の仕方については、**嘔吐物の処理**（p.20）を確認しておきましょう。

### 嘔吐が治まるまで吐かせる

　吐き気がまだあるときは、吐き気を我慢させたりせず、やさしく背中をさすり、嘔吐が治まるまで吐いてもらうようにしましょう。ただし、口に手を入れて無理に吐かせようとしないでください。

### 嘔吐後の気持ち悪さを軽減する

　胃への圧迫感を減らすため、衣服をゆるめ、ファーラー位（仰向けに寝て、上半身を45度程度に起こした姿勢）にします。

## 5　嘔吐物を早く処理するために、大勢の職員で処理をする？！

考えてみよう！　たくさんの職員で処理できればよいのかな？

　利用者のGさんは食堂で食事中に気分が悪いと訴え、その場で嘔吐してしまいました。嘔吐物は、Gさんが食事をしていたテーブルや床にも広がったため、急いで処理しようと、その場にいた介護職全員でふきんやぞうきんで消毒液を使わずに嘔吐物を片づけはじめました。

食事する場所だし、ほかの人も気になるから早く片づけたほうがいいよね。

早く処理することも大切だけど大勢で片づけることはよいのかな？

**確認しよう！**　どこがダメなの？　何がダメなの？

### チェック 1　介護職全員で処理している！

　もし、Gさんがウイルス性の食中毒を起こしていた場合、嘔吐物にはウイルスが大量に含まれています。飛沫感染、接触感染などの感染経路により二次感染を起こすことがあります。感染経路の遮断（しゃだん）が二次感染を防ぐための重要な対策となるため、大勢の職員で嘔吐物の処理をするのは適切ではありません。

### チェック 2　消毒液を使わずに処理している！

　嘔吐物や排泄物（はいせつぶつ）には、ウイルスが大量に含まれている可能性があります。消毒液を使わずに嘔吐物を処理することは、感染を拡大させてしまうため、適切ではありません。

 **人から人への感染に注意！**

　ノロウイルスなどの感染は"食品"からだけではありません。感染者の便や嘔吐物中には大量のウイルスが存在するので、トイレでの排便時、汚物の処理時に"手"が汚染されます。その手を介して、水道の蛇口（ぐち）、洗い場などがノロウイルスに汚染され、さらにそこからほかの人へ汚染が広がります。このような感染を「ヒト―ヒト感染」といいます。嘔吐などがあった場合は、すみやかに正しい処理を行って二次感染をさせないことが重要です。

感染が広がるのを抑えないと
いけないんだね！

**どうしたらいいの？** ノロウイルスが疑われる場合は、嘔吐物を処理する人を決めて対応しよう！

### ポイント **1** 直接処理する人を限定する

嘔吐物を直接処理する人は限定し、窓を開けて空気を入れ換えることや嘔吐物からほかの利用者を離すなど、役割分担を決めて動くことが大切です。

### ポイント **2** 使用する物品を用意し、処理方法を確認する

使い捨て手袋、マスク、ガウンやエプロン、ふき取るための布やペーパータオル、ビニール袋、次亜塩素酸ナトリウム、専用バケツなどを用意します。処理方法は、以下のとおりになります。なお、一般的に、ノロウイルスに対してアルコール消毒は十分には効かないことになっています。

①汚染場所に処理者以外の人は近づかないようにし、窓を開ける。
②処理者は、使い捨て手袋とマスク、ガウンを着用する。
③嘔吐物は 0.1％次亜塩素酸ナトリウムを染み込ませたペーパータオル等で外側から内側に向けてふき取り、面を折りたたみながらふき取る。
④使用したペーパータオル等はすぐにビニール袋に入れ、感染性廃棄物として破棄する。
⑤嘔吐物が付着していた床とその周囲をペーパータオル等でおおうか、浸すようにふく。
⑥ふき取り後 10 分経過したら水ぶきする。
⑦個人防護具を外し、手洗いを行う。

出典：東京都福祉保健局健康安全部食品監視課・感染症対策課、「ノロウイルス対応標準マニュアル」
平成 25 年版及び平成 28 年版改訂版（令和 2 年 3 月段階）

## ● 対応する職員を限定し、二次感染を防ぐ

　多くの利用者が生活する施設では、利用者、職員が集団で感染する可能性があります。利用者が嘔吐したときは、嘔吐物を直接処理する職員や、嘔吐物がある場所からほかの利用者を遠ざけるようにする職員など、役割分担を事前に決めてから行動しましょう。嘔吐物を処理する職員は、処理するための物品を用意し、迅速かつ適切に嘔吐物を処理します。直接処理をした職員だけでなく、ほかの利用者、職員も手洗いを行い、感染予防をすることが重要です。

　そのほかにも、ノロウイルスは発症から4週間程度、便にウイルスが排出されるので、利用者が使用するトイレは限定しましょう。

## ● 医療機関における対応

　医療機関では、より適切に、また確実に処理するために、使い捨て手袋を二重にはめて処理します。ポイント2の処理方法の④までの作業が終わったら、外側の手袋も感染性廃棄物（一次袋）として密閉し、破棄します。⑤の作業からは、内側の清潔な手袋を用いて処理し、⑦までの作業が終われば、使用した物品とともに、同じく感染性廃棄物（二次袋）として密閉し、破棄します。

### 「すばやく」「広げず」「適切に」まとめる

　感染の拡大を防ぐために「すばやく」「広げず」「適切に」まとめて処理しましょう。嘔吐物が拡がっている場合は、ウイルスの飛散を防ぐために、0.1％次亜塩素酸ナトリウムをしみこませたペーパータオルで拡げるようにふくのではなく、嘔吐物を真ん中に寄せるようにし、一点に集めた状態にします。そして嘔吐物をふき取った後で、さらに別のペーパータオルで1m程度周囲から嘔吐物のあった一点に向ってふき取ります。

# Part 2

## 痛み・しびれ・むくみ・めまい

適切な
対応ができるか、
不安だなあ。

対応の前に
観察するべき
ポイントを
確認しよう。

## ① 頭痛には、どのように対応したらよい？！

頭が痛い……

お風呂に入って
ストレッチを
しましょう！

**考えてみよう！**　なぜ、痛みが強くなってしまったのかな？

　利用者のCさんは、介護職のBさんに頭が痛いと訴えています。Bさんは、Cさんに肩こりがあるため、それが原因と思い、入浴や蒸しタオルで首や肩を温め、ストレッチなどをして、血行をよくしようとしました。しかし、Cさんは、痛みが強くなってしまったようです。

Cさんは、肩こりからくる頭痛の人だから、温めてから、軽くさすってあげると気持ちよく眠れるんじゃないかなあ。

同じ頭痛でも、原因をしっかり考えないと、間違った対応になるよ。

確認しよう！　どこがダメなの？　何がダメなの？

### チェック 1　　原因が肩こりだと決めつけている！

　日常的に肩こりを訴えるCさんをみて、頭痛の原因を肩こりと決めつけています。利用者のいつもの状態を把握することは大切ですが、観察のポイントを押さえず対応しても、頭痛の原因が違うかもしれません。頭痛には、さまざまな原因・症状があり、緊急に医療職と連携するべき場合があります。原因が異なり、対応が遅れることで重篤な症状につながることになります。

### チェック 2　　血行をよくしようと、無理やり運動をさせている！

　原因によっては、頭を揺らしたり、無理やりからだを動かすと、症状が悪化します。

## 医療職につなげる必要のある頭痛

　今までに経験したことのないような、激しい頭痛があった場合や、頭痛のほかに症状が伴っている場合は、すみやかに受診しましょう。吐き気や手足のしびれ、意識混濁、目の焦点が合わない、流涎等ある場合は脳血管性の疾患を疑います。頭痛を伴う疾患には、くも膜下出血、脳出血、髄膜炎、慢性硬膜下血腫等があります。

**どうしたらいいの？** 観察のポイントを押さえて、対応方法を確認しよう

## ポイント **1** 観察のポイントを押さえる

　まずは、「どのような痛みなのか？」「痛む場所は？」を確認する必要があります。医療職に報告するための観察のポイントとしては、以下のとおりになります。

> ・どの程度痛むか→一時的な激しい痛みか、断続的な痛みか
> ・痛む場所　・いつから痛むのか
> ・ほかの症状はないか→吐き気や嘔吐の有無、くしゃみや鼻水、発熱などの風邪症状の有無
> ・意識の有無、手足のしびれの有無、麻痺の有無
> ・ろれつがまわるか　・痙攣の有無
> ・頭をぶつけていないか　・血圧や脳血管疾患の既往歴はないか

## ポイント **2** 観察のポイントを押さえたうえで対応する

　医療職につなげるまでに介護職が行う対応としては、以下のとおりになります。

**肩こりを伴う頭痛の場合**

　入浴などでからだを温めて、緊張をほぐすようにします。

**片頭痛の場合**

　頭を冷やして休みます。

**風邪症状があり、寒気や悪寒を訴えた場合**

　暖かくして水分を十分にとります。

**脳血管性の疾患が疑われる場合**

　医療職に報告し、救急搬送も視野に入れます。

**熱中症などが疑われる場合**

　水分補給をし、適正な室温調整や衣類の調整をします。

### ● 頭痛の原因を探り、対応を考えよう

　頭痛といっても、炎症を伴う頭痛は冷やす、血行不良で起こる頭痛は温めるというように、原因によって対応が正反対になりますので注意しましょう。また、介護職の自己判断で安易に頭痛薬を服用させてはいけません。頭痛薬は医師の指示に従って服用します。

　突発的な激しい頭痛は、くも膜下出血や脳内出血など生命にかかわる場合もあれば、長引く頭痛の原因が慢性硬膜下血腫や脳腫瘍による場合もあります。

　観察のポイントを押さえて、すみやかに医療関係者に報告し対応しましょう。

### 頭痛の種類

　緊張した際に起こる頭痛や片頭痛、風邪の引き始めにみられる頭痛、脱水症状や熱中症に伴って生じる頭痛があります。そのほかにも、全身に影響を及ぼす脳血管障害や高血圧など、緊急に医療職と連携するべき頭痛もあります。

## ② 急な腰痛には、患部を温めたほうがよい?!

**考えてみよう!** なぜ、患部を温めたのかな?

　利用者のDさんは、午後のレクリエーションで運動した際に、腰を痛めてしまいました。介護職のAさんは、ベッドでDさんの腰を温めていたところ、Dさんはそのままうつ伏せの状態で寝てしまいました。

 とりあえず、温めたほうがよさそうだよね!

 温める対応でいいのかな? それから、うつ伏せで眠ってしまったようだけど、姿勢も大丈夫かな。

**確認しよう！**　どこがダメなの？　何がダメなの？

### チェック **1**　腰を痛めた直後に温めている！

　腰を痛めてしまった直後（急性期）は局所に急激に負荷がかかり、筋肉やその周辺組織が炎症を起こし、小出血することもあります。つまり、血流量が増加して腫脹（腫れ）、発熱、疼痛を起こしているため、温めると、炎症反応や腫脹を助長してしまい、逆効果です。

### チェック **2**　寝る姿勢に注意していない！

　Ｄさんは、うつ伏せのまま寝てしまいました。本人が、うつ伏せの状態が楽で落ち着くのであれば、そのままの姿勢で休んでもよいですが、かえって腰に負担をかけてしまう場合もあります。話ができるようであれば、寝る前に痛みの度合いや症状などを聞いておくことも大事です。

### ぎっくり腰だけが腰痛ではない！

　突然起こる急性期の腰痛といえば、「ぎっくり腰」があげられます。急性期の腰痛は、姿勢や体型などが原因で腰の筋肉や靭帯を傷めることで起こります。しかし、腰の痛みは背骨の異常が原因で起こるものや、血管や内臓の病気などが原因で起こるものもあり、慢性の腰痛がある人でも、別の要因で急性の腰痛が起こっている場合もあります。痛みが激しい、呼吸が弱い、熱がある、尿が出ないなどの場合は、すぐに医師へ受診します。

### ポイント **1**　初期対応を確認する

　腰痛には、急性期と慢性期があります。それぞれの時期による対応を確認しましょう。

**急性期**

　急性期には、炎症や、それに伴う小出血、腫脹などがあります。炎症を抑制するためには、局所を安静にして熱を抑えることが必要となるため、冷やすことが重要です。氷枕（こおりまくら）や保冷剤などをタオルでくるんで患部を冷やします。また、冷湿布などを使い、痛みを軽減させるようにしましょう。

**慢性期**

　慢性期には炎症は消失しますが血行が悪くなるのが特徴です。痛めた局所が疲労し、機能不全に陥（おちい）っている状態です。筋肉はかたくなり血流が阻害（そがい）され、疲労した局所に酸素と栄養が行き届かなくなり、その結果、重く、だるいような痛みが出ます。この時期には血流を改善させるために温め、痛めた局所に十分な酸素と栄養が行き届くようにしましょう。

### ポイント **2**　寝る姿勢に注意する

　本人が少しでも楽になるような姿勢をとってもらいましょう。認知症などで意思の疎通（そつう）が難しい人や、からだが思うように動かない人などは、可能な限り横向きの姿勢、あるいは仰向けの姿勢をとり、あごをあげて呼吸が楽になるような体勢をつくります。

　意思疎通が可能であれば、寝る前に痛みの度合いや症状などを聞いたうえで、クッションや枕、座布団などを使って、痛みをやわらげる姿勢をつくります。

### ● 腰痛観察のポイントを押さえよう

　痛みが軽減した後でも、下肢筋力（かしきんりょく）が弱いと歩行中に再び腰が痛くなり、その拍子（ひょうし）に倒れてしまう事故も少なくありません。そのため、痛みが軽減しても観察と見守りが大切です。

　医療職に報告するために、観察するポイントとしては、利用者の①意識状態、②呼吸の乱れ、③麻痺（まひ）やしびれの有無（うむ）、④痛みの度合い、⑤顔色や表情、⑥発熱の有無などがあげられます。なお、腰痛で苦しんでいる人を無理に車いすに乗せて移動させたり、抱えて部屋へ連れて行くことは、避けましょう。

　高齢者は、加齢に伴って骨が変形したり筋力が低下するため腰痛が起こりやすくなります。冬場など寒いときに慢性的に腰痛に悩まされる人は、腰回りを冷やさないことが重要です。具体的には、カイロや湯たんぽなどで温めることがおすすめです。腰痛の多くは、体型や姿勢、生活習慣（体重の増加・運動不足など）などが原因といわれます。

　転倒（てんとう）や運動などで起きてしまった腰痛でも、なかなか痛みが消えない場合は、すみやかに受診しましょう。

### 腰痛の予防

　腰痛を予防するために、ふだんの生活のなかでは、
・前傾姿勢を避ける　・長時間同じ姿勢にしない
・机やいすの高さの調整　・クッションなどの腰当てを使う
・体重管理　・適度な運動を行う
といった配慮（はいりょ）が必要です。

# 3 利用者が胸痛を訴えたら、とりあえず医療職につなげる?!

考えてみよう！ 　胸痛がみられたとき、介護職には何ができるのか
な？

　利用者のEさんが胸の痛みを訴えています。介護職のBさんは
あわてて、医療職を探しにいきました。

何かの病気かもしれないし、早く医療職を呼びに行ったほうがいいんじゃないのかなあ？

確かに医療職に報告することは大事だけど、医療職につなぎさえすれば、それでいいのかな？

確認しよう！　どこがダメなの？　何がダメなの？

### チェック **1**　観察のポイントを押さえていない！

　胸痛の原因はさまざまです。そうした原因を探らずに医療職を呼びにいっても、何を報告するべきか把握していないため、医療職もどのように処置してよいかわかりません。もし、その胸痛が大きな病気にかかわるサインであった場合、対応が遅れることにもなります。

### チェック **2**　「とりあえず」医療職につなげてしまっている！

　介護職のBさんはEさんの様子をみてすぐに医療職につなげてしまっています。周りに医療職がいない場合には、介護職が応急処置の対応をすることが求められます。あわてて医療職につなげる前に、介護職としてできることを考えましょう。

### 狭心症

　胸痛の代表的な症状である狭心症（きょうしんしょう）は、胸痛の圧迫感や重苦しさがみられます。安静にしていると通常5分以内、長くても10分以内で治まります。狭心症や心筋梗塞（しんきんこうそく）が進行している際、胸痛があまり目立たず、動悸（どうき）や息苦しさ、冷や汗などがみられるケースもあります。特に高齢者や糖尿病の人は、知覚神経の低下により胸の痛みを認知できないことがあります。

**どうしたらいいの？**　観察のポイントを押さえて、対応を確認しよう

**ポイント 1**　**胸痛時の観察のポイントを押さえる**

　まずは、「どのような痛みなのか？」「痛む場所は？」といったことを確認する必要があります。医療職に報告する際の観察のポイントとしては、

---

- ・どの程度痛むか→急激に起きた激しい痛みか、慢性的な痛みか
- ・痛む場所→胸の中央・左右など、痛む場所がどこなのか
- ・痛みが持続する長さ→安静にしていれば落ち着く程度なのか、激痛が何分も続くものなのか
- ・痛みの種類→胸が締めつけられるほどの痛みか、鈍い痛みか、鋭い痛みか、えぐられるような痛みか
- ・ほかの症状はないか→発熱・発汗・吐き気・咳・湿疹・水ぶくれなど
- ・病歴の確認→心臓や呼吸器、消化器系の既往があるか

---

**ポイント 2**　**胸痛時の対応方法を確認する**

　一時的な胸の痛みでも正しく状態を把握し、痛みが治まっても観察しましょう。対応方法としては、以下の手順になります。

① 　衣服をゆるめ、仰向けに寝かせ安静にします。

② 　吐き気・嘔吐があるときは、顔は横向きにして、吐物が喉に詰まらないように注意します。

③ 　呼吸が苦しく座ったほうが楽な場合は、上半身を起こしていすや座布団に寄りかからせます。

④ 　上記の観察のポイントを確認し、バイタルサインを測ります。

⑤ 　看護師・医師等に報告します。15分以上痛みが続く場合や意識がない場合は、報告後、指示を受けたうえで救急搬送に備えましょう。

## ● 観察のポイントを押さえて、医療職へつなぐようにしよう

　胸痛の原因には、狭心症、心筋梗塞、大動脈の疾患などが考えられます。しかし、高齢者では痛みの伴わない心筋梗塞もあり、血圧の低下や脈の乱れから病気の症状と気づくこともあります。

　一時的な胸の痛みでも、大きな病気の症状も考えられるので、観察のポイントを押さえ、医療職やほかの介護職にも伝える必要があります。また、その際、その人の日頃のバイタルサインと比較することが重要となります。

　狭心症などの持病がある人はニトログリセリンなどの頓服薬を持っている場合が多く、必ず事前に医師の指示を受けてから服薬しましょう。また、呼吸と脈拍が確認できなければ、救急蘇生法を施す必要もあるかもしれません。日頃から AED の使い方も把握しておきましょう。

### 胸痛の原因はたくさんある！

　胸の痛みは心筋梗塞に代表されるように、命にかかわる重篤な病気が多く含まれています。肺塞栓などの呼吸器系の病気、逆流性食道炎などの消化系の病気、帯状疱疹などの神経痛など、一口に胸痛といっても原因は幅広いのです。

観察のポイントを押さえて、医療職へスムーズにつなげることも、介護職の大事な役割だね。

**4**　背中が痛い場合は、動かしてみる?!

考えてみよう!　なぜ、痛みが強くなったのかな?

　利用者のFさんが「背中が痛い」と訴えています。介護職のA
さんは、痛みをほぐそうと、Fさんに背中全体を伸ばすよう動かし
てもらいました。しかし、かえって痛みが強くなってしまったよう
です。

　痛みが強くなったのはどうしてかなあ?

　痛みをほぐそうとした介護職の対応はよかったのかな?

**確認しよう！**　どこがダメなの？　何がダメなの？

### チェック **1**　背部痛の観察のポイントを押さえていない！

背中の痛みの原因はさまざまです。観察のポイントを押さえず対応しても、根本的に痛みの原因を探ることはできません。

### チェック **2**　痛みがあるのに無理に動かしている！

痛みがある状態ですぐに動かしてはいけません。痛みが強くからだを動かせない場合は、痛みを増強させてしまいます。

原因がわからずに動かしても逆効果だよ！

**どうしたらいいの？** 痛みの状態を把握したうえで、楽な姿勢を整えるようにしよう

### ポイント **1** 痛みの状態・痛み以外の症状を把握する

　痛みの状態・痛み以外の症状を把握する際には、次のようなポイントを観察します。

---

・どの程度痛むか→急激に起きた激しい痛みか、慢性的な痛みか

・痛む場所→背中の中央・左右など、痛い場所がどこなのか

・痛みが持続する長さ→安静にしていれば落ち着く程度なのか、激痛が何分も続くものなのか

・ほかの症状はないか→しびれ・麻痺・発熱・咳・吐き気・皮膚の赤み（発疹）・血尿・下痢などがないか

・ほかの場所の痛みはないか→胸部・腹部・皮膚・腰の痛みなど、背中のほかに痛みがないか

・病歴の確認→心臓、糖尿病、消化器・消化器系の既往があるか

---

　このほかに、皮膚に湿疹や水ぶくれがある場合など、さするだけでも痛みが増すことがあります。また、腰やおなかなどほかに痛みがないか、しびれや血尿などの症状がないかも確認しましょう。

### ポイント **2** 無理に動かさず、本人に楽な姿勢をとってもらう

　まず、利用者には楽な姿勢をとってもらうことが基本です。からだを動かせる場合は、背中を丸めて側臥位で横になってもらってもよいでしょう。また、慢性的な痛みの場合は、温めたり、急性的に起きた痛みには、冷やしたりすることを検討します。

## ● 痛みがあるときは、無理に動かさないようにしよう

　利用者が背中の痛みを訴えるときは、打撲や肩こりといった筋肉の痛みを推測しがちです。まずは本人にとって、楽な姿勢をとってもらい、痛みの状態、痛み以外の症状などを観察したうえで対応しましょう。

　高齢者では、痛みに対する感覚が鈍くなったりしていることで病気の症状と気づかないこともあります。ちょっとした痛みでも、大きな病気である可能性もあるので、観察のポイントを押さえた状態を医療職、ほかの介護職にも伝える必要があります。

　また、その際、その人の日頃の様子、皮膚の状況、骨折・転倒のリスクを把握していることが重要となります。痛みにともなって意識の低下がみられれば、医療職の指示により、救急蘇生法を施す必要があるかもしれません。

### 背部痛の原因はたくさんある！

　背中の痛みは、背中そのものに痛みがあるとき（肩こり・椎間板ヘルニア・圧迫骨折など）と背中から離れたところからの痛み（大動脈解離・心筋梗塞・尿路結石・膵炎・膵臓がんなど）があります。

## 5　おなかが痛いときは、温めるとよい？！

これで本当に痛みがなくなるのかなぁ……

どうですか？

**考えてみよう！**　おなかが痛いときは、温めればよいのかな？

　利用者のGさんは、おなかが痛いと言っています。介護職のBさんは、Gさんのおなかが張っていて、かたくなっているのを確認し、湯たんぽでおなかを温め、様子を見守ることにしました。

おなかが痛いときは、温めると楽になる気がするけどなあ。

おなかの痛み＝温めるという対応をしていないかな？　おなかの痛みが何のサインなのか考えてみよう！

確認しよう！　どこがダメなの？　何がダメなの？

### チェック **1**　腹痛の症状を観察していない！

　痛みの程度、場所、種類などさまざまな視点から利用者の状態を観察しなければ、適切な判断はできません。腹痛の症状を観察することで、医療職につなげたときにスムーズな判断・治療・処置を的確に行うことができます。

### チェック **2**　安易におなかを温めている！

　腹痛の原因がはっきりしない場合、悪化させることもあるので、自己判断で、温めたり、冷やしたりすることは避けましょう。

---

**腹痛の種類**

腹痛には、以下の種類があります。

①内臓性腹痛…消化器官の収縮や拡張によって生じる、キリキリした痛みです。胆石発作や尿路結石、腸閉塞などで生じ、吐き気や冷や汗が出ることもあります。

②体性腹痛…腹膜や横隔膜にある知覚神経が刺激されることで起こります。急性虫垂炎や消化管穿孔、急性膵炎などで生じ、鋭く刺すような痛みが30分以上続きます。

③心因性腹痛…ストレスからくる痛みです。緊張したときやイライラしているときなどに起こります。

④関連痛…ほかの部分の症状が、腹痛となって現れる症状のことです。炎症を起こしている部分の刺激が激しいときに脳が痛みの発生している場所を誤認識することから引き起こされます。

⑤放散痛…痛みが徐々に伝染し、さまざまな部位で感じるようになります。原因が腹部にあるのに、腹部と離れた場所で痛みを感じます。腹部の近くの皮膚に痛みを感じることもあります。

**どうしたらいいの?** 症状を確認し、本人の楽な姿勢をとってもらおう

### ポイント 1 痛みの状態・痛み以外の症状を確認する

　どの場所が痛むか、どのような痛みかを確認しましょう。また、腹痛が起こるまでの1週間ほどの排泄状況を確認し、血尿の有無、下痢・排便の性状、おならの様子を確認しましょう。

---

・痛みの性質→間欠的か、持続的か、急激に起きた激しい痛みか、2、3日続く慢性的な痛みか

・痛みの種類→キリキリする痛みか、ズキンズキンするものか、刺すように激しく痛むものか

・痛む場所→おなかの中央・左右など、痛い場所がどこなのか

・ほかの症状はないか→おなかの張り・発熱・吐き気・吐血・口臭が強い・血尿・不正出血・黄疸などの症状の有無。

・排便・食事・水分摂取の状態はどうか→ここ2、3日の排泄で、便秘気味ではないか、下痢・便が黒いか、食事・水分量はどれくらいか

---

　また、食事・水分の摂取量、嘔吐の有無なども大切な項目です。観察ポイントを医療職にしっかり報告することで、的確な処置を行うことができます。

### ポイント 2 本人にとって楽な姿勢をとってもらう

　利用者本人にとって、楽な姿勢をとってもらいます。吐き気があるようなときは、顔を横に向けた状態で横になってもらいます。

### ポイント 3 医療職の指示を待つ

　医療職に相談・報告し、指示を受けるようにしましょう。

## ● まずは痛みの状態や痛み以外の症状を確認しよう

　腹痛は老若男女問わず珍しいことではありません。時間が経つと治ることもあるため、我慢してしまうことも多いでしょう。高齢者では、便秘による腹痛がよくみられますが、腹痛の原因を便秘と安易に判断せず、ポイント1であげた観察ポイントを丁寧に確認しましょう。

　ストレスが原因の胃痛、腸閉塞・虫垂炎などの激痛を伴うもの、心筋梗塞や膵炎などの重篤な病気からくる痛みなど多岐にわたります。激痛に苦しむ状況をみると、介護職は何かしなくてはいけないと、すぐに温めたり冷やしたりしてしまいがちですが、それらは症状を悪化させる原因にもなります。

　嘔吐・冷や汗・高熱・意識の低下・不正出血・下血・血便が伴う場合は、腸閉塞や胆石、虫垂炎などの危険な腹痛である可能性が高いです。緊急に処置の必要な病気であるため、医療職へ的確に報告し、指示を受けましょう。

　トイレに行くと治まる、しばらく休んでいたらよくなるような、ただちに危険がない痛みでも、原因を探ることは大切です。食後、激しい嘔吐と下痢を伴う場合は食中毒の可能性があります。抵抗力の弱い高齢者はすぐに受診が必要です。その際は、何を食べたか、ほかの人にも同じ症状はないかなどを確認します。

## 6 関節の痛みには、電気毛布やカイロを 長時間当てる?!

一晩温め ましょう!

**考えてみよう!** 関節の痛みには、温めるのがよいのかな?

　関節リウマチを患っているHさんが、関節が痛いと訴えてきました。介護職のBさんは、Hさんが以前に「からだが冷えると痛む」と言っていたのを思い出し、電気毛布やカイロをからだ全体に当てて、一晩温めることにしました。

関節リウマチは、温めたほうがいいって聞くし、これで安心だね!

温める時間は、これでよいかな?

（確認しよう！）　どこがダメなの？　何がダメなの？

### チェック 1　症状を確認していない！

　まずは、関節リウマチのある利用者には、痛みのある関節が熱を
もっていたり、腫れていたりしないかを確認することが必要です。
関節の炎症は、温めると血流がよくなり、関節の痛みが強くなって
しまうこともあります。

### チェック 2　電気毛布やカイロを長時間当てている！

　関節リウマチのある人の特徴としては、薬の影響で皮膚が薄く
なっている人や手足のしびれによる神経痛を起こしている人が多
く、皮膚感覚が鈍くなっています。そのような人に一晩あるいは長
時間、電気毛布やカイロを当て続けると、本人が気づかないうちに
低温やけどを起こすことがあります。

痛みのある関節が熱をもっている
こともあるんだね。

なぜ、カイロなどを長時間当ててはいけないか、
理由も知っておこう！

**どうしたらいいの?** 対応方法を医療職に相談し、記録にとどめよう

**ポイント 1** 症状を確認し、冷やすか、温めるか、医療職に相談する

　痛みのある関節部分に手を当てて、腫れや熱感がないかを確かめましょう。周りの皮膚と比べて温かかったら炎症が起きていると考えられます。具体的な症状を確認したうえで、その後の対応方法を医療職に相談します。

**ポイント 2** 電気毛布やカイロを当てた部位と時間を記録し、痛みの具合をこまめに確認する

　慢性的・全身的な関節の痛みは冷えから生じることが多いため、まずは室温を確認し、適温に設定します。衣服などの調節も行いましょう。

　電気毛布やカイロ、ホットパックで温める場合は、温めた部位や時間を確認し、長時間そのままにしないようにしましょう。皮膚の状態、汗をかいていないか、痛みの具合はどうかなどを確認しながら、痛みがやわらぐのを待ちましょう。低温やけどを予防するために、電気毛布を当てた時間・部位などはきちんと記録し、ほかのスタッフにも報告しましょう。

---

 **朝のこわばり**

　関節リウマチの初期症状に、朝のこわばりというものがあります。朝の起床時や長時間同じ姿勢でいた後などに、手足が固くなり思うように動かせず、1時間くらい経つと動かせるようになる症状です。関節周辺の異常により、寝ている間に関節液がたまることで起こります。対応としては、手浴や足浴が効果的です。40 〜 42℃くらいのお湯に、痛みやこわばりのある手足を入れて温め、10分間ほど、ゆっくり手足を動かしながら浸けるとよいでしょう。

## ● 痛みの状態確認から始めよう

　関節リウマチの痛みの原因は、関節の炎症です。冷えや湿度で痛みが強くなるので、温めることによって痛みをやわらげることができます。ただし、関節に腫れや熱感をもつ場合は、冷やすことで炎症を抑えられます。痛む部位を手で触るなどして状態を確認したうえで、その後の対応方法を医療職に確認します。さらに痛みが強くなった場合は、医師や看護師の指示のうえで、痛み止めを服薬してもらいます。

## ● 再発を予防しよう

### 関節を冷やさないために
　保温性の高い素材の衣類を活用し、夏場でも首や手首、足元を保温するようにしましょう。夏はエアコンの設定温度に注意し、膝（ひざ）かけやストールなどを活用します。冬は床暖房やホットカーペットを利用し、足元の冷えを防ぎます。またトイレにも暖房機を置き、暖房便座を利用します。

### 湿気から身を守る
　湿度の高い時期は除湿器を使ったり、扇風機などで部屋の空気を循環（じゅんかん）させましょう。

### 日常生活でできること
　からだがだるいときや、関節の痛みが強いときは激しい運動などはしないことは基本です。ただし、まったく運動をしないと関節の可動域がせまくなったり、全身の筋力を保つことが難しくなったりします。関節の可動域や全身の筋力を保つために適切な運動を行いましょう。PT（理学療法士）やOT（作業療法士）と一緒に、痛みのない範囲でできることを増やしていけるよう考えていくことも大切なケアの一つです。

# 7 むくみには、着圧ストッキングが効果的？！

...... / これでむくみはなくなりますよ！

**考えてみよう！** 着圧ストッキングをはけば、むくみは抑えられるのかな？

　利用者のIさんは、足のむくみが気になると話しています。介護職のBさんは何とかしてあげようと、Iさんに着圧ストッキング（足を加圧することで血行を促進する効果があるストッキング）をはいてもらい、むくみの改善を図ることにしました。

ストッキングをはいてもらえば、むくみはなくなるよね！

ストッキングをはくことで、根本的な解決になるのかな？

**確認しよう！**　どこがダメなの？　何がダメなの？

### チェック **1**　むくみが起こる原因を理解していない！

　そもそも、なぜむくみが起きているのか、理解しているのでしょうか。むくみの症状がある利用者に対して、むくみの原因を理解していないと、対処法を探ることはできません。

### チェック **2**　表面的なむくみの解消でしかない！

　むくんでいる足に着圧ストッキングをはくことで、表面的にはむくみの改善はできたように見えます。しかし、根本的なむくみの解消にはつながりません。着圧ストッキングをはいたときに、しわが寄ったり、かかとやつま先の位置が合っていないとかえって血行不良を招くこともあるので注意が必要です。

むくみってどうして起きるのかなあ。

**どうしたらいいの？** むくみの原因とその対応のポイントは？

### ポイント 1 むくみが起こる原因を理解する

むくみは、急に起きるものと、慢性的に起きているものがありま
す。慢性的なむくみは、下肢筋力低下に伴い、血液を心臓へ戻すポ
ンプのような役割を果たす機能が低下し、重力により、下肢の血管
の水分が滲み出ることで起こります。

### ポイント 2 筋力低下を防止して、むくみを解消する

高齢になるとどうしても活動量が減少します。特に施設で生活を
していると歩行の機会は減少傾向にあります。筋力の減少により起
きるむくみを防ぐため、まったく動かない時間をなくすようにしま
しょう。また、時間を決めて横になるときは、下肢を高くしたり、
長座位を保つなども方法の一つです。

## 突然むくみが起きた場合

医療職に報告することが重要です。その際、起きているむくみが、
☑全身に起きているのか
☑片方の足に起きているのか
☑下肢両側に起きているのか
を伝えるようにします。

動かないと、むくみが起きやすく
なるってことだね。

● **活動量の減少に気をつけよう**

　むくみは、心不全や腎疾患、肝疾患、慢性 静 脈 不全、甲 状 腺機能低下症、下肢筋力の低下、薬の副作用などが原因として起こるため、高齢者ではよくみられる症状の一つです。足のむくみによってお気に入りの靴がはけなくなってしまったり、歩きづらくなったりすることで、外出することがおっくうになり、活動量の減少につながったりします。

　急性のむくみの場合は、すぐに医療職へつなぎ、対応してもらいます。いつもむくみを訴える場合に、介護職として行えることとしては、むくんでしまった足をさすったり、足湯につかってもらったりして、血行をよくすることがあげられます。また、親身になってスキンシップをとることで、「むくみのつらさを理解してもらえている」と、安心感や満足感をもってもらうことにもつながります。

　むくみは、誰にでも起こりうる症状です。施設では1日中座ったまま過ごすことなどがないように、環境にも配慮が必要です。こまめに歩行の機会をつくったり、足首や膝を動かす運動、適度に重力から逃れる時間をつくることも必要です。

● **水分や栄養の摂取にも目を向けよう**

　水分の摂取量が多すぎても少なすぎてもむくみにつながります。水分摂取の際は、一度に多くとるのではなく、こまめに補給することが大切です。栄養面については塩分の摂りすぎに注意し、たんぱく質やカリウム、カルシウム、マグネシウムなどをバランスよく摂取することが予防につながります。

## 8 しびれた部位は、積極的に動かす？！

考えてみよう！ しびれには手を動かせばよいのかな？

　介護職の A さんは、利用者の J さんに一緒に折り紙をしようと誘いました。しかし、J さんは、手のしびれが続いていたため、「しびれるからやらない」とやりたがりません。A さんは手を動かすことが大事だと考え、折り紙をするように J さんに促しました。

手を動かすと、しびれがなくなると考えたんだね！

J さんは折り紙を折りたくないと言っているよ。しびれの対応もあわせて確認しよう！

確認しよう！　どこがダメなの？　何がダメなの？

### チェック 1　本人がやりたくないことをさせている！

しびれがあるため、やりたくないと拒んでいるにもかかわらず、無理に折り紙をさせることは本人の意思を尊重（そんちょう）していないことになります。

### チェック 2　どのようなしびれが出るのかを確認していない！

人によって、しびれの強さや症状などは異なります。少し様子をみていれば、痛みが引いていくしびれもあれば、まったくからだを動かすことができず、生活に支障をきたしてしまうほどのしびれもあります。しびれの状態も、長時間正座をしたときに足先に感じるジーンとしたしびれやチクチクと針で刺されているようなしびれなど、人によってさまざまです。

### チェック 3　手を動かすことで、しびれがなくなると考えている！

例えば、長時間正座した後に生じるジンジンと感じるしびれは、動かすことで改善することもあります。しかし、感覚や運動の経路を障害する病気につながる場合、手を動かす対応は適切ではないことがあります。

動かしたり、時間が経てば
しびれはなくなると思っていた……

**どうしたらいいの？** しびれの原因を確認し、利用者が望む活動を支援しよう

### ポイント **1** どのようなしびれが出ているのかを確認する

しびれには、緊急性のあるものもあります。まずはどのようなときに、どのようなしびれが出るのかを確認しましょう。

### ポイント **2** しびれの原因にもとづいた対応を検討する

例えば脊髄に何らかの異常があると（頸髄損傷、脊柱管狭窄症、坐骨神経痛など）、慢性的なしびれが続きます。医療職に報告・相談をしたうえで、原因を明らかにします。

そのうえで、原因に応じた対応が求められますが、安易に気を紛らわす活動を無理にさせることは禁物です。例えば、慢性的なしびれが続く場合、その場でできる対応よりは、QOL（生活の質）を向上できるように対応することが重要になります。

なお、しびれがあるときにその場で行うことができる緩和方法としては、ホットパックや手浴・足浴などによって温めたり、さすって血液の循環を促進したりする方法があります。

## 医療職へ早急につなげる必要のあるしびれ

何の前触れもなく出現するしびれは、脳の異常からくるしびれであると考えられ、緊急性を要します。例えば、四肢の一部や顔に出現したしびれは脳卒中の初期症状の一つです。迅速な医療処置が必要になるため、早急に医療職へつなげる必要があります。

## ● どのようなしびれなのかを確認しよう

　介護を必要とする利用者にとって、しびれは QOL に大きな影響を与える要因の一つでもあります。まずはしびれの訴えを傾聴し、つらい気持ちに共感することが大切です。自ら感じているしびれについて、「何かで手をおおわれているような感覚」と伝える利用者もいます。実際に軍手を手につけたまま生活をしてみるとその人の感じている違和感を疑似体験することができ、より共感できます。

　そのうえで、介護職には、しびれの原因に応じた対応が求められます。

## ● 日常生活で工夫できることを考えよう

　しびれとともに生活することを考えると、日常生活のなかでも注意が必要な場面は多くあります。例えば、足がしびれていると感覚自体が低下し、つまずきやすくなるため、足元などにものを置かないなどの注意がいっそう必要になります。また、冷たいものに対して敏感な人もいるため、コップをカバーでおおったり、取っ手付きのカップを使用するなどの生活での工夫も必要になります。作業療法士などと日常生活の工夫を話し合ってみましょう。

 **しびれを緩和する薬の注意点**

　　しびれを緩和する薬を服用している場合は、副作用として、眠気やふらつきが強く出ることがあります。

## 9 いつもめまいを訴えている利用者には、どう対応する?!

考えてみよう！ めまいはそのうち治るものなのかな？

　自宅で一人暮らしをしている利用者のKさんは、いつもめまいを訴えています。介護職のBさんは、バイタルサインを測りましたが、異常はみられなかったため、しばらくすれば治るだろうと考えました。

バイタルサインを測定したのに、どうして異常がみられないのかなあ？

めまいの症状がみられる人への対応を考えてみよう！

**056**

**確認しよう!**　どこがダメなの?　何がダメなの?

### チェック 1　そのうち治ると考えている!

　めまいは、脳卒中や心疾患、高血圧症、低血糖症、不整脈、メニエール病などの持病がある場合に起こることが多いですが、持病がない人でも、熱中症や脱水症、心身のストレスを感じてめまいを起こす場合もあります。慢性のめまいはバイタルサインの異常がみられにくいため、めまいはすぐ治るものだろうと考えていると、思わぬ病気を見逃しかねません。

### チェック 2　原因を把握できていない!

　めまいを起こしやすくなる原因としては、①平衡感覚のおとろえ、②血圧を調節する能力のおとろえ、③さまざまな病気・疾患によるもの、もしくは薬の副作用によるものがあります。特に、平衡感覚のおとろえについては、内耳や前庭神経、前庭神経核、大脳皮質などの神経系が老化によって変性し、平衡感覚の情報がうまく処理できなくなることで起こります。

バイタルサインの測定だけで判断してはいけないね。

数値だけでは見えない症状を見つけるのも介護職の役割だよ。

**どうしたらいいの？** めまいの症状を確認し、安静にしてもらうようにしよう

## ポイント1 めまいの症状を確認する

　めまいの訴えがあれば、顔色や呼吸の様子、耳鳴りの症状などの有無、意識障害の程度を確認したうえでバイタルサインを測定しましょう。バイタルサインのほかにも、症状（一過性のめまいか、慢性的なめまい、周りがグルグル回る回転性（末梢性障害）、ふわふわする・ゆらゆらゆれる浮動性（中枢性障害）なのかなど）を確認して、医療職に報告することが必要です。

## ポイント2 めまいがみられたら、動き回らず、安静にしてもらう

　めまいがみられたときは、動き回ると、転倒につながりやすいため、安全な場所へ移動し、横になって安静にしてもらいましょう。その際、急に頭の向きを変えたり、突然起き上がらせないように留意しましょう。安静にしたうえで、症状を確認し、身体観察を続けます。脳貧血は血液循環の異常、血圧低下による脳への一時的な血流不足によって起こり、起立性低血圧、神経調節性失神なども伴います。座らせたままだと脳への血流が悪くなり、失神の危険があるため、下肢を頭よりやや高くするなどして、脳への血流を改善して意識の回復を図ります。

## ● 再発を予防しよう

　在宅で暮らす一人暮らしの利用者であれば、自分で薬を管理している人もいるでしょう。しかし、そうした場合には、薬の飲み忘れや過剰摂取があるかもしれません。また、介護職は、薬を飲んだかだけを確認するのではなく、食事の摂取も把握する必要があります。そのほかにも、原因が薬によるものだけでなく、空腹や脱水から起こるめまいもあります。

　家族や医療職との連携を密にとることで、薬や食事の面での不安が改善できることもあるはずです。例えば、規則正しい時間にしっかり食事をとるためには、適度な運動をすることも必要です。運動をすることで、平衡感覚の改善と同時に、下肢筋力の向上にもつながり、めまいや立ちくらみ、転倒などの予防になります。そのほかにも、食事バランスや運動量を再考し、ストレスのない生活習慣を整えるようにしましょう。

生活習慣を整えて、予防することに努めよう！

# Part 3

## 疾患別の対応

疾患といわれても
何を気づければ
いいか
わからないなあ……

疾患ごとに対応は
変わってくるから
しっかり
確認しよう！

**片麻痺のある利用者の歩行介助は、
密着して行う?!**

考えてみよう！　どうして利用者は歩きにくそうにしているのかな？

　介護職のBさんは、脳血管障害により左半身麻痺のある利用者のCさんの歩行介助をしています。Bさんは Cさんの転倒が心配なため、麻痺のある左腕に密着して歩いていますが、Cさんはうまく歩けていません。

どうしてうまく歩けないのかなあ？

Cさんが歩くために必要な動きは把握できているかな？

**確認しよう！**　どこがダメなの？　何がダメなの？

### チェック **1**　密着しすぎている！

　脳血管障害の後遺症<ruby>後遺症<rt>こういしょう</rt></ruby>として、身体の半身麻痺があげられます。転倒を心配するあまり、麻痺側を懸命に支えたいのでしょうが、利用者の麻痺側に密着して介助することは、かえって利用者の歩行を難しくします。

### チェック **2**　重心移動ができない！

　歩行する際は、左右に重心を移動することで、バランスをとっています。介護職が利用者の麻痺側（左側）に密着して歩くと、麻痺側（左側）にも健側にも重心を移すことができないため、足が出しづらくなります。

### 脳血管障害

　脳血管障害は、脳出血、脳梗塞<ruby>脳梗塞<rt>のうこうそく</rt></ruby>、くも膜下出血に大別され、一般的には、脳卒中<ruby>脳卒中<rt>のうそっちゅう</rt></ruby>と呼ばれます。脳の血管に障害が起こり、結果的に脳の機能に障害が起こります。

　心配だからといって密着しすぎると、
　利用者はかえって歩きづらくなるよ！

**ポイント 1　動きやすさを引き出す介助を心がける**

　介護職はからだを密着するのではなく、利用者の麻痺側の後方に位置し見守ります。支えが必要な場合には、利用者自身で左右の重心移動ができるよう、利用者の腕を支える程度とします。

**ポイント 2　重心移動ができているかを確認し、足を前に出してもらう**

**ポイント 3　歩行速度や足を前に出すタイミングを相手のペースに合わせる**

詳しくは、ステップアップ介護シリーズの「介護技術」の巻を読んでね！

## ● 動きやすさを引き出す介助を考えよう

　片麻痺のある利用者の歩行介助では、転倒を恐れて、つい密着してしまう介護職が多くみられます。密着してしまうと、利用者の「歩くために必要な動き」をじゃましてしまうことにつながります。そのため、麻痺側を保護する際の留意点をしっかり身につける必要があります。

　身体の動きづらさが残ったなかで生活していくためには、生活環境も含めて考える必要があります。歩行に関していえば、どのタイプの杖（つえ）をどのくらいの高さにするか、下肢装具（かしそうぐ）を使うことで歩きやすさを引き出せるか、行きたい場所までの歩行が厳しいのであれば必要に応じて車いすを使うなど、専門家と共に検討することで、生活の幅（はば）を大きく広げることができます。また、壮年期で脳梗塞を発症する利用者も多いため、その後の生活をいかに自分らしく過ごしてもらうかを、中長期的にみていく必要もあります。福祉用具は何が必要で、どのように介助するかを利用者と共に考えていく必要があるのです。

さらに、「動きやすい」「歩き出したくなる」
支援ができれば、完璧だね！

**パーキンソン病の利用者には、強い口調で声をかける？！**

危ないですよ！

考えてみよう！　なぜ、強い口調で声をかけたのかな？

　パーキンソン病を患（わずら）うDさんは、最近、病気の進行に伴い、施設内での転倒（てんとう）が多くなっていました。Dさんが、いすに座ろうとしたところ、介護職のBさんがあわてて近寄り「危ないですよ！」と強い口調で声をかけました。

危ないと思ったから、あわてて声をかけちゃったんだね！

転倒の注意を呼びかける声かけはよいことだけど、利用者がびっくりしているよ。

**066**

確認しよう！　どこがダメなの？　何がダメなの？

### チェック **1**　強い口調で声かけをしている！

　パーキンソン病は症状の進行に伴い、からだが固くなり、緊張しやすくなるため、転倒しやすいといった特徴があります。後ろからや離れた場所などから突然強い口調で声をかけると、筋緊張や姿勢反射異常により、からだのバランスをくずし、転倒することがあります。

### チェック **2**　服薬状況を把握していない！

　人によって個人差はありますが、服用しているパーキンソン病の薬の効果が切れると、急に動けなくなることがあります。服薬状況、薬の効き具合によっても日内変動が起こりやすいため、時間や場所に合わせた介助が必要になります。

疾患によって、声かけも工夫しないといけないんだね。

そうだね。でも、パーキンソン病に限らず、適切な声かけはつねに意識しよう！

**どうしたらいいの？**　声のかけ方と症状の出始めに気をつけよう

### ポイント **1**　声かけを工夫する

　声かけをする際は、利用者を驚かせたり、あわてさせたりしてはいけません。適切な刺激による視覚や聴覚を使った動きを利用することが有効です。例えば、歩行の介助に際しては、「イチ、ニ！イチ、ニ！」とリズムよく声をかけてあげると、足の運びもスムーズになります。このように、声かけの工夫次第でからだの機能を十分にいかすことができます。

### ポイント **2**　薬効の切れる時間をアセスメントし、症状が出始めるときを予測して、対応する

　具合が悪くなるタイミング（起床時・食事・排泄（はいせつ）・入浴等）や時間を記録し、薬効の切れる時間が予測できる場合は、突然、歩行レベルが落ちて歩けなくなったり、転倒するリスクもあったりするため車いすを用意するようにしましょう。特に朝は薬効が切れていたりする場合が多いです。医師や薬剤師に相談し、服薬時間のこまめな調整なども必要になります。

## パーキンソン病の4大徴候

　パーキンソン病の主な症状として、4大徴候と呼ばれるものがあります。①振戦（しんせん）（手足のふるえ）、②筋固縮（きんこしゅく）（筋肉がこわばる）、③無動（動作が遅くなる、歩きにくくなる）、④姿勢反射障害（姿勢を保つのが難しくなる）です。それに伴って起こる機能障害としては、独特の前かがみ姿勢、小刻み歩行、身体のひねりが難しくなったり、薬の特性からくるwearing-off現象（薬の効果が切れると、急に動けなくなってしまう）があります。

## ● 適切な声量での声かけをし、転倒のリスクに気をつける

　パーキンソン病は脳内でつくられるドーパミンの不足により起こる病気です。薬が効いているうちは一人でも活動できますが、突然動けなくなってしまう特徴があることを理解し、変動に合わせた介助や本人の苦しみを理解する支援が求められます。歩いていた状態から車いすを使う場面など、どうしても気持ちが後ろ向きになる場面は多く、そのような場面では利用者に寄り添いつつ、能力を最大限にいかせるケアを提供することが求められます。また、相手の視界に入った状態で声かけすることや環境設定を工夫することで転倒リスクを減らすことができます。きちんとした服薬管理と運動を行い、進行の予防に努めます。また、その人の現在の状態に合わせた介護力を確保することも大切です。

　そのほか、転倒や誤嚥による肺炎の合併などで寝たきりになってしまうケースも少なくありません。そうしたリスクをできるだけ減らすように意識することが大切です。

その人にとって、どんな声かけがふさわしいか、常に考えよう！

**3** 起立性低血圧を起こしやすい利用者は、勢いよく上体を起こす？！

おはようございます！

**考えてみよう！** なぜ、めまいを起こしてしまったのかな？

　利用者のEさんは、起立性低血圧を起こしやすく、いつもお昼にベッドで休んでいます。介護職のAさんは、Eさんの活動量が減少していることを心配し、元気を出してもらおうと、大きな声で勢いよく上体を起こしましたが、Eさんはめまいを起こしてしまったようです。

 勢いよく起こしたら、めまいを起こしてしまったんだね。

 寝ているところを突然大きい声で起こされると、どうなってしまうだろう？

確認しよう！　どこがダメなの？　何がダメなの？

### チェック 1　大きな声で勢いよく起こしている！

　寝ていることが多い人に対して、勢いよく起こしたり、急に起こしたりすることは、起立性低血圧を引き起こす原因になります。症状として、めまいなどだけではなく、失神や意識朦朧（いしきもうろう）などが生じる特性もあります。

### チェック 2　起立性低血圧の症状を理解していない！

　起立性低血圧の人を急に立ち上がらせたり、起き上がらせたりすると、急な血圧の低下により立ちくらみを引き起こし、転倒や失神の危険性があります。
　起立性低血圧は、長期臥床（ちょうきがしょう）していたり、血液循環の不良があったり、服薬による副作用や自律神経の機能障害がある人にみられます。申し送り等で、利用者が起立性低血圧を起こしやすいかどうか、把握することが大切です。

### 🌱 起立性低血圧

　起立性低血圧は、急に立ち上がったときやからだを動かした際に起こる、急激な血圧低下です。一般的に、座位から立位になったときに最大血圧が20mmHg以上下がった状態のことを指します。症状としては、失神、意識朦朧、体位変換時（せいいはげ）のふらつき感、めまい、全身脱力、易疲労性（いひろう）、吐き気、認知機能低下、下肢の倦怠感（けんたいかん）、目のかすみ、後頭部痛などがあります。

**どうしたらいいの？** 急に動かすのではなく、血液の循環を促すはたらきかけをしよう

### ポイント 1 ギャッチアップを利用して血圧変化を追う

　起立性低血圧を起こしやすい利用者には、最初に声をかけた際の相手の反応（顔色や表情、声かけに対する反応）でも、本人の様子等を予測できることがあります。いつもより血色がよくない（顔色が悪い）場合は、血圧が低い状態かもしれません。そのような場合は、すぐに動かすのではなく、安静にするか、ギャッチアップを利用して徐々にからだを起こし、血圧変化を追うなどの対応が望ましいでしょう。

### ポイント 2 すぐに利用者のからだを横にする

　めまいや立ちくらみが起きた場合は、すぐに利用者のからだを横にしましょう。また、下肢を少し挙上し、頭部へ血流が流れやすくなるようにします。その後、血圧を測り、しばらく安静に過ごします。低血圧症状が自覚的にみられたときは、その場で軽く足踏みをしたりして血液の循環を促すのも予防につながります。

「徐々に」からだを起こすことがポイントなんだね。

## ● いつもの状態と比べて変化がないか確認してから対応しよう

　起立性低血圧がみられる利用者には、日頃から「いつもの状態」を観察し、顔色や表情、バイタルサインに変化がないか確認します。そのうえで今までにみられない起立性低血圧と思われる症状がみられたら、すぐに医療職へつなげましょう。

　慢性的に続く起立性低血圧の利用者は、起床時に少しずつ時間をかけてベッドをギャッチアップしたり、起き上がるときにも起居動作をゆっくりと行ったり、ベッドから立ち上がる前に足踏みをしたりする対応が必要になります。

　また、入浴時に浴槽から勢いよく立ち上がらないことや、浴室や脱衣所の温度差をなくすことも有効です。その他にも、水分を積極的にとるようにすることも予防になります。

　さらには、低血圧を慢性的に抱えている利用者はレクリエーションなどの活動に対して消極的になりがちです。リスクの管理を行い、安心して活動に取り組める環境づくりからはじめましょう。

「いつも」の状態を把握するようにしよう！

## 4 拘縮のある利用者には、クッションを使ってポジショニングを行う?!

動きづらいなぁ……

**考えてみよう!** なぜ拘縮が強くなったのかな?

　ベッド上で長時間過ごしている利用者のFさんは、肩関節や股関節に拘縮が出はじめています。介護職のAさんは少しでも楽な姿勢になるように、からだとベッドの隙間にクッションを入れてポジショニングを行いました。数か月後、Fさんの拘縮は以前に比べて強くなっていました。

ポジショニングをしたのに、どうして拘縮が強くなっちゃったのかなあ?

楽な姿勢にしようと思ったみたいだね。でも、隙間をすべてクッションでうめるとどうなるか考えてみよう!

**074**

**確認しよう！**　どこがダメなの？　何がダメなの？

### チェック **1**　　関節を動かしてはいけないと思っている！

　拘縮は、関節の動きが少ないことで、関節周囲の軟部組織の器質的変化によって起こります。関節を動かさないと、さらなる拘縮につながります。

### チェック **2**　　動きを制限している！

　クッションなどを用いて目的の姿勢を安全で快適に保持することをポジショニングといいます。すべての隙間をクッションでうめてしまうと、Fさんの動きを制限してしまい、関節を動かす機会を失って関節の拘縮を助長させることにもつながってしまいます。

拘縮は動かすのはこわい気がするなあ。

でも正しいやり方で行うことで
改善できるよ。

**どうしたらいいの？**　関節を動かして拘縮を防ぐ

### ポイント 1　関節を正しく動かす

　関節は、動かさないと固まるため、正しく動かすことが大事です。利用者の身体を動かす前に、自身の身体を使ってその動きが無理のない動きか、確かめるのも簡単な確認方法です。また、ずっとベッドの上で過ごす場合も、リクライニングの車いすに座るほか、座位になる機会を増やすことで、股関節の拘縮予防にもなります。

### ポイント 2　ほかの職種と話し合う

　本人のポジショニングは、除圧と自動運動（自身で動くこと）の見きわめをほかの職種などと話し合うとよいでしょう。そのうえで、本人の寝ている姿勢やポジショニングを確認しましょう。また、ねじれなどにも注意しましょう。

 **エアーマットレス**

　拘縮や褥瘡が強くなってきた利用者に、体圧分散を目的として、エアーマットレスを使用する場合があります。エアーマットレスは空気の調整で体圧を分散してくれる便利なものですが、少しでも自分で身体を動かすことができる利用者の場合は、逆に動きが制限されてしまう可能性があります。それぞれの身体能力に合ったエアーマットレスや身体の動きを引き出せるポジショニングを考えましょう。

## ● 褥瘡のリスクに気をつけよう

　拘縮は、脳血管障害の後遺症がある人などにもよくみられる症状です。しかし、拘縮は突然起こるものではなく、日々の積み重ねにより進行するので、早期に気づき、対応することが必要になります。一度拘縮を起こすと、継続した可動域訓練を経て、関節の可動域が再び保たれるようになるまでに時間もかかってしまいます。拘縮によって身体の動きが制限されると、体圧の分散も自身で行う場合に、より大きな労力が必要になり、結果的に褥瘡のリスクも高くなります。

## ● 皮膚トラブルを予防しよう

　関節の拘縮が起こると、その部位の皮膚が密着することで指の間が不潔になり水虫になったり、爪が皮膚にくいこんだりします。また、肩関節の拘縮では腋下が不潔になったりすることで皮膚トラブルになりやすくなります。入浴の際はしっかりと洗い、水分をふき取るケアが必要になります。

関節を正しく動かすことも皮膚トラブルの予防になるね！

## 5 夜に眠れないときは、睡眠薬を検討する?!

睡眠薬を
服用してもらおう
かしら……

**考えてみよう!** 朝まで眠ってもらうためには、睡眠薬の服用が最適なのかな?

　利用者のGさんは、いつも夜間に起きてしまい、歩行器でフロアを歩いています。介護職のBさんは、Gさんが夜間に一人で歩いて転倒しないように、睡眠薬を服用して夜間に眠ってもらえるよう、検討しています。

睡眠薬を服用してもらい、朝まで眠ってもらいたいのだよね?

そもそも睡眠薬で眠ってもらえるようにする対応はよいのかな? どのような対応がよいのか考えてみよう!

**確認しよう!**　どこがダメなの?　何がダメなの?

**チェック 1**　睡眠薬の服用を安易に検討している!

　夜に眠れないと、安易に睡眠薬の服用を検討しがちですが、日中に睡眠薬の影響が残り、転倒のリスクにつながることもあります。また、むやみに服薬を促すことは、身体面で利用者の負担を増やすことになります。

**チェック 2**　なぜ夜間に歩き回っているのか確認していない!

　Gさんがなぜ眠れないのか、また、なぜ夜間に歩き回っているのかアセスメントせずに、服薬を検討するのは適切ではありません。

**チェック 3**　1日の生活リズムと日中の活動量を把握していない!

　夜に眠れなくなってしまったと話す利用者は多くいます。しかし、生活リズムに関する変化や、日中の活動量を把握していなければ、本人がなぜ眠れないのか、原因を探ることができません。

## 睡眠薬の種類はさまざま

　一口に睡眠薬といってもその種類はそれぞれ異なります。睡眠薬の多くは脳の機能を低下させて睡眠へ導くものです。そのなかには効果が2、3時間のものから1日を通して効果が持続するものもあります。薬の効果のピーク時間もそれぞれ異なります。

### ポイント **1** 眠れなくなった前後の身体の状況を把握する

睡眠薬を服用させる前に、眠れなくなった前後の排泄 状 況<sup>はいせつじょうきょう</sup>やからだの状況を把握し、継続した観察をすることが必要になります。

### ポイント **2** 夜間に歩き回る背景を把握する

寝かせようとするのではなく、なぜ、夜間に歩き回るのか把握することで、日中の過ごし方などを見直す機会になります。

### ポイント **3** 生活リズムと日中の活動量を再考する

生活リズムや、日中の活動量、昼寝する時間などを把握し、再考します。日中の活動では、本人がやりたいと望む、からだを動かす活動を取り入れるようにします。例えば、利用者にあった作業・活動をアセスメントし、散歩に出る機会をつくることができれば、リズムを再調整できます。また、1日のうちに一度は日に当たる機会をつくることも体内時計をリセットさせるうえでも重要なことです。なお、昼寝は長くとも1時間以内が望ましいでしょう。

## 夜間起き出してきたらすぐに寝てもらう？

夜間に起き出してきた人に「どうしましたか？　まだ夜なので部屋に戻りましょう」とすぐにベッドへ戻ってもらうことはよい対応でしょうか。起き出したらすぐにベッドへ戻ってもらう、といった一律の対応を行うのではなく、飲み物などを一緒に飲みながらリビングでお話したうえで、「そろそろトイレに行って寝ましょうか」と言ってベッドに誘導する、といった対応をすることはよくあります。介護職のペースでなく、利用者に寄り添うことが大切になります。

## ● 睡眠だけでなく「生活」をみよう

　安易に睡眠薬の服用を検討するよりも前に介護職は、「普通の暮らし」をどれだけできているかを見直すことから考えるべきではないでしょうか？　そうした見直しを図ったうえで医療の力を借り、その人らしい暮らしを支援できれば利用者も安心して過ごしていけるはずです。安易な睡眠薬の服用は、かえって利用者の生活を阻害する可能性があります。睡眠薬を飲むことで夜間の歩行時のふらつきからの転倒リスクが増加します。服薬量が多いと翌日の日中の目覚めも悪くなってしまうなどのリスクも考えなければなりません。

　睡眠薬を使っていた利用者が服薬なしに生活リズムを戻せたとき、私たち介護職は介護の力を実感できるのではないでしょうか。

　また、服薬が減ったことで、日中に睡眠薬の影響が残ることなく元気な利用者の笑顔が見られると、こちらも同じ気持ちになって笑顔で接することができるのではないでしょうか。

　睡眠薬などの服薬量が多くなれば、それだけ副作用の影響も多くなります。服薬量を減らすことは身体面での利用者の負担を減らすことにもつながります。

　なお、上記の方法をとっても、うつ病などの精神疾患があったり、脳の興奮状態が収まらない状態にあって、夜間になっても安眠できない利用者もいます。そのような場合は、絶対に睡眠薬を使わないと決めつけるのではなく、睡眠導入剤を使用する場合もあります。その場合は、医療職へ報告・相談し、その人に合った使用目的、量、方法などについて医療職の指示のもと服用させましょう。

## 6 低血糖症状がみられたら、チョコレートを食べてもらう？！

**考えてみよう！** チョコレートを食べてもらえればよい？

　利用者のHさんは、糖尿病のため、1日1回午前中にインスリン注射をしています。ある日Hさんは、いつもどおり、午前中にインスリン注射をした後、昼食をとらず部屋で過ごしていました。その後、部屋から出た際に、低血糖症状のふらつきがみられたため、介護職のBさんはHさんにチョコレートを食べてもらうことにしました。

インスリン注射をした後、低血糖症状がみられたから、チョコレートを食べてもらうんだね！

低血糖をめぐる予防と対応を確認しよう！

確認しよう！　どこがダメなの？　何がダメなの？

### チェック 1　インスリンを投与する前の状態を把握せずに対応しようとしている！

　Hさんのインスリンを注射する前の午前中の様子や、しっかり朝食はとれていたのかなどを把握していません。昼食だけでなく、朝の様子を観察するようにしましょう。

### チェック 2　インスリンを投与した後、食事をとれていない！

　低血糖症状は、血糖値を下げる効果のあるインスリンを投与した後にみられます。インスリンを投与した後、昼食をとっていないHさんをそのままにすると、さらに血糖値が下がり、意識レベルが低下したり、昏睡状態におちいったりするなど、生命にかかわることもあります。

### チェック 3　低血糖症状がみられてからチョコレートを食べてもらっている！

　低血糖症状がみられる際に、糖分を補給しようとして、チョコレートや飴を口にする人も多いかもしれません。しかし、チョコレートや飴は、糖分の吸収が遅いため、即効性に欠けます。すぐに症状が改善しないからと、多くの糖分をとりすぎると、高血糖を起こしてしまうことにもなります。

**どうしたらいいの？** 低血糖になる原因とその対策を確認しよう

### ポイント 1　低血糖になる原因を理解する

　健康な人は血液中に少量のインスリンが常に分泌されています。食事をすることで血糖値が上昇すると、さらにインスリンが分泌され血糖値が一定に保たれるように調整が行われています。それに対し、糖尿病の利用者は、インスリンが不足し、血糖値の調整ができないため、インスリンの投与によって血糖のコントロールを図ります。インスリンを投与した後、きちんと食事がとれなかった場合などに低血糖となります。

### ポイント 2　インスリンを投与する前後の様子を医療職に報告する

　朝食の量（炭水化物等）が少なかったり、普段より運動したりしていた場合は、インスリンを投与する前の状況を医療職に報告します。また、昼食がとれず、食事の間隔があいてしまったときや、投与するタイミングがいつもと違ったときも、インスリンを投与する時刻を食事時刻に合わせてもらうなど、医療職と連携をし、対応します。

### ポイント 3　ブドウ糖10g（あるいは代用品）をとる

　めまいなどの低血糖症状が起きてしまった場合は、安静にして休んでもらい、医療職の指示に従って落ち着いた状態でブドウ糖10g程度を摂取するようにします。また、代用品としては、ゼリー系飲料1／4袋（45㎖）、野菜ジュース・果物ジュース・乳酸菌飲料・砂糖入りの紅茶・炭酸飲料などでコップ半分（90㎖）、スポーツドリンク・缶コーヒーなどでコップ1杯（180㎖）、粒状のラムネ10粒などがあります。

## ● 低血糖とその症状を知ろう

　低血糖状態とは、血糖値が異常に低い状態（一般的には 70mg/dℓ 以下）のことをいい、そのときに起こるさまざまな症状を低血糖症状といいます。低血糖は、糖尿病薬を飲んでいる人や、インスリン治療をしている人がなりやすく、いつもより食事量（特に炭水化物）が少ない場合や、食事をとらずに薬を飲んでしまったときに多く起こります。

　血糖値を上げるための必要な炭水化物量が少ないと、血糖値を下げる薬が効きすぎてしまいます。低血糖症状がでているのに気づかずにいると意識を失ったり、めまいやふらつきによる転倒事故が多くなったりするので、十分注意が必要です。

　一般的な低血糖の症状としては、発汗、不穏、動悸、頻脈、手指振戦、顔面蒼白などがみられる交感神経刺激症状や、頭痛、目のかすみ、空腹感、眠気（生あくび）などがみられる中枢神経症状（血糖値 50mg ／ dℓ 程度）があります。

## ● 再発を予防しよう

　再発を予防するためには、食事を抜いたりせず、決められた時間にしっかりと食べることや、適正な服薬の管理などが最も大事です。また、運動や入浴の前後など、体力消耗を気づかった生活パターンを習慣づけるなど、予防策は十分にあります。

　自身でコントロールできない高齢者であっても、介護者がしっかりサポートをして見守ることで、安全で安心できる生活を送ってもらえることでしょう。

## 7 便秘が続くときは、便秘薬に頼る?!

便秘がつらい
です……

便秘薬を服用して
もらおうか……

考えてみよう! 便秘に悩む利用者には、薬の服用が最適なのか
な?

　利用者のIさんは、便秘に悩んでいることを介護職のAさんに話
しています。Aさんは、Iさんの最近の排便の時間やペースを確認し、
便秘薬を服用してもらおうか、検討しています。

排便の時間やペースを確認したうえで、便秘薬を検討したん
だね!

便秘をしている利用者に確認するのは、排便パターンのみで
いいのかな?

086

確認しよう！　　どこがダメなの？　何がダメなの？

### チェック **1**　　排便パターンのみ把握すればよいと思っている！

　介護職のＡさんは便秘に悩むＩさんに対して、排便の時間やペースしか確認せず、その後すぐに対応しようとしています。排便の時間や排便のパターンのみを把握（は あく）すれば、便秘に対応できるものではありません。便秘には、利用者の排便パターン以外にも、把握するべきことは多くあります。

### チェック **2**　　便秘薬の副作用を考慮していない！

　高齢者や疾患（しっかん）のある人は、薬の副作用などで便秘になりやすい傾向があります。そうした状態のときに、さらに便秘薬を服用することで、下痢（げ り）になったり、排便パターンがくずれてしまったりすることもあります。

直近の排便パターンを把握する
だけではよくないんだね。

便秘薬だけに頼るのではなく、
ほかの対応を確認しよう！

**どうしたらいいの？** 生活習慣の見直しを図ろう

### ポイント **1** 医療職に報告するための観察をする

　医療職に報告するための観察のポイントは、以下のとおりになります。

| |
|---|
| ・食事の内容　・食事摂取量　・水分摂取量　・腹痛の有無<br>・運動量　・睡眠　・内服薬　・腹部膨張感 |

### ポイント **2** 生活習慣の見直しを提案する

### ポイント **3** 食事内容を確認する

　栄養状態がかたよっていないか、また食物繊維（しょくもつせんい）や油分の不足、水分が極端（きょくたん）に少なくなっていないか、などを確認しましょう。

### ポイント **4** 排便のタイミングを把握する

　食後は排便反射という反射が起こり、排便がしやすくなるため、排便を促（うなが）す時間もとても重要です。毎朝同じ時間にトイレに行くよう支援することも大切です。

### ポイント **5** 適度な運動を心がける

　適度な運動は、腸のはたらきに刺激を与えます。例えば、腹部を「の」の字にさすると、腸に刺激を与え、排便を促しやすくなります。

## ● 適切な排便習慣には、適切な生活習慣があることを確認しよう

　健康な便を習慣的に出すということは生きていくうえでもとても重要です。例えば、BPSD（行動・心理症状）の強い認知症の人が便秘が解消したら急におだやかになり笑顔を見せる回数が増えたという話はよくあります。利用者の適切な排便習慣を整えるためには、日々の観察が欠かせません。

　また、日中の活動量にも気を配るようにしましょう。散歩や日光浴等の活動量を増やすことで、生活にメリハリができ、食事をおいしくとることができ、腸の動きを活発にしてくれます。

### よく用いられる便秘解消薬

| 手段 | 薬剤名（例） | 作用機序 |
|---|---|---|
| 下剤 | 酸化マグネシウム | 水分を吸着させ、便を柔らかくする（※） |
| | センナ<br>ピコスルファートナトリウムなど | 腸の粘膜を刺激して腸の運動を促す |
| 座薬 | レシカルボンなど | 直腸内で気化することで直腸の動きを促す |
| 浣腸 | グリセリンなど | 液体の注入により排便反射を促す |

※酸化マグネシウムを服薬の際は、水分を多めにとる。

排便習慣だけではない、生活全体をみた改善が必要になるんだね。

疾患の知識と
その対応を
学ぶことが
できたよ！

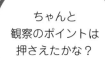

ちゃんと
観察のポイントは
押さえたかな？

# Part 4

## 緊急時の対応

## 1 呼吸が苦しそうなときは、横になってもらう?!

考えてみよう！　苦しそうに呼吸をしはじめたとき、介護職には何ができるかな？

先ほどまで、ほかの利用者と楽しそうに会話を楽しんでいた利用者のＣさんが、急に苦しそうに呼吸をしはじめました。介護職のＡさんはＣさんをベッドで休ませることにしました。

呼吸が苦しそうだし、ベッドで休ませていいんじゃないかなあ？

どうして、Ｃさんは呼吸が苦しくなったんだろう？

確認しよう！　どこがダメなの？　何がダメなの？

### チェック **1**　呼吸が苦しくなった直前の状況・状態を把握していない！

　Cさんの呼吸が苦しくなった際に、直前までCさんはどのような行動をとっていたのか、持病の有無、心臓に負担がかかるような行動（運動・入浴・トイレなど）がなかったかなど、まずは呼吸が苦しくなる直前の状況、状態を把握しましょう。

### チェック **2**　仰臥位で寝かせている！

　呼吸が苦しそうな利用者にベッドで休んでもらう際は、姿勢にも十分気をつけなければなりません。ギャッチアップ（背上げ）で呼吸が楽になる姿勢をとらせます。仰臥位のまま休ませると、呼吸の苦しさが続くことが多いです。また、直前まで食事や水分を口にしていた場合、嘔吐物で窒息する可能性も考えられます。

## 発作性、突発性、急性の呼吸困難の原因

・呼吸器の病気…誤嚥、アナフィラキシーショック、気管支喘息、肺炎、
　　　　　　　　肺塞栓症など
・心臓の病気…心不全、心筋梗塞など
・脳の病気…脳血管障害、脳炎など
・神経や筋肉の病気…フグ中毒、重症筋無力症など
・こころの病気…パニック障害、過換気症候群など
・その他の病気…貧血、発熱、甲状腺機能亢進症など

**どうしたらいいの？** 呼吸が苦しくなった原因に応じて対応しよう

### ポイント **1** 呼吸が苦しくなった原因を探る

呼吸が苦しくなる前はどのような行動をとっていたか確認しましょう。それ以外にも、食べ物や薬によるアレルギー、室内の環境、日頃（ひごろ）の激しい不安感や恐怖感の有無などについても確認します。

顔色や表情、呼吸の音（ゼーゼー・ヒューヒュー）、動悸（どうき）、めまい、手足のしびれ感、筋肉の硬直、意識消失（消沈）など、些細（ささい）な変化も見逃さず、きちんと医療職に報告するようにしましょう。

### ポイント **2** 原因を探ったうえで状況や症状に応じた対応を行う

**呼吸が荒く、顔が紅潮している場合**

血圧が高い可能性があるため、ギャッチアップ（背上げ）して楽な姿勢になってもらいましょう。

**片方の肺に障害がある場合**

健側を上にした側臥位（そくがい）にします。

**喘息や心不全で呼吸が苦しくなっている場合**

いすやソファなどに座ってもらい、大きいクッションを抱え、上半身をもたれかけさせます。

 過呼吸で苦しそうにしている人への対応

過呼吸で苦しそうにしている人を発見した場合、まずは隣（となり）に付き添うことでリラックスしてもらい、呼吸を落ち着かせるようにしましょう。そのうえで、以下の対応を行います。
・衣類をゆるめる　・口の中に何か詰（つ）まらせていないか確認する
・利用者のからだを支え、息を吸う時間の2倍くらいの時間をかけて、ゆっくりと息を吐いてもらう　・1回の呼気時間を10秒以上にする

## ● 急変時にはすみやかに対応しよう

　高齢者に限らず、突然呼吸が苦しくなることは誰にでも起こりうるものです。呼吸が苦しそうな人で風邪症状があるようなら、すみやかに周りの利用者と離す必要があります。呼吸器の病気も考えられるので、落ち着いたからといって安心せず、経過観察は十分に行いましょう。

　呼吸困難・息切れは、肺と心臓の病気からこころの病気まで、幅広くみられる症状です。持病によりいつも呼吸状態が悪い高齢者は少なくありませんが、突然起こった場合には緊急性が高くなります。

　急に激しい呼吸困難が始まったり、呼吸や意識の状態が急激に悪くなっているときは、気道の確保や人工呼吸を行い、すみやかに救急車を呼びます。

呼吸の異常は生命に
かかわるよね。

急変時にはすみやかに
対応できるようにしよう。

**095**

## 2 大量出血には、止血帯を巻くだけでよい?!

**考えてみよう!** 止血帯を巻くだけでよいのかな?

　利用者のDさんが転んで、腕から大量に出血してしまいました。介護職のAさんは、Dさんの出血量を見て、早く止血しないといけないと考え、あわてて止血帯を巻きました。

こうした場面はあわててしまうよね! とりあえず、止血帯を巻いていたけど、これでいいのかなあ?

とりあえず、止血帯を巻くだけでよいのかな? 手順を確認しよう!

確認しよう！　どこがダメなの？　何がダメなの？

### チェック 1　意識や呼吸等を確認していない！

　大量に出血をしている場面を見ると、どうしてもあわててしまうかもしれませんが、出血の状態によっては、生命に危険が生じている可能性もあります。その場合、意識や呼吸等の確認が出血への対応より優先されることになります。

### チェック 2　圧迫していない！

　止血帯を巻くだけで圧迫しなければ、出血は続いてしまいます。血液の流れを止めるために、必ず圧迫しましょう。

## 止血の方法

　止血する際は、正しい技術や知識がないと、かえって出血を増やしてしまうことになります。以下の方法を確認しておきましょう。

**直接圧迫止血法**

　出血部分に直接ガーゼや布などを当て、手で強く圧迫する方法です。傷の部分を心臓より高く上げて、手袋やビニール等を使って圧迫します。その際、介護職の感染予防のために血液に直接触れないようにします。

**間接圧迫止血法**

　ガーゼ等が手元になく、直接圧迫止血法がすぐに行えない場合に行います。傷口より心臓に近い動脈を手や指で圧迫します。

**止血帯法**

　出血部位よりも、心臓に近い部分を幅の広い三角巾やタオルなどで強く縛る方法です。止血帯の間に棒などを入れ回転させ、より強く縛ることで止血します。その際、三角巾やタオルに止血した時刻を書いておくことで、出血していた時間を把握します。出血時間が30分以上続く場合には、30分に1回止血帯をゆるめ、末梢の血管に血が流れるようにします。

### ポイント **1**　意識・呼吸の有無を確認する

　利用者の意識や呼吸がない場合は、止血よりも、心肺蘇生（しんぱいそせい）を優先して行います。止血できず、意識や呼吸が低下してきた場合などは、すぐに救急搬送を行います。

　利用者に意識がある場合には、出血量、痛みの強さ、骨折・めまい・吐（は）き気（け）などの有無、呼吸・血圧・顔色の変化がないかを観察します。

### ポイント **2**　血が止まるまで圧迫する

　ウイルスや細菌感染を引き起こすことがないよう清潔（せいけつ）な布やガーゼ、ポリ袋、レジ袋を使い出血部位を圧迫します。出血が止まらない場合は、救急車を呼びます。

### ポイント **3**　落ち着いて対応する

　大量の血を見ることで本人のショックも大きくなります。まずは介護職が落ち着いて、「もう大丈夫ですからね」「安心してくださいね」など、利用者が安心できるような声かけをしましょう。

止血するときは圧迫することが
大切なんだね。

## ● 止血の方法を確認し、医療職へつなごう

　一般に体内の血液の 20％が急速に失われると、出血性ショックにより冷や汗がでる、呼吸が浅くなるなどの状態になり、30％を失えば生命の危険が生じるといわれています。出血量に伴って状態が変わるため、大量出血の場合は、迅速(じんそく)に止血を行うと同時に医療職へ連絡します。

　止血の方法としては、傷口にガーゼや布を当てて手で押さえる直接圧迫止血法が一般的です。このとき、血液に直接触れないようにします。また、血を見ることで必要以上に不安を抱く利用者も多いので、安心してもらえるような声かけで対応しましょう。症状の観察や医療職への連絡なども落ち着いて迅速に行います。

　大量出血は、止血ができたとしても医療機関への受診は早めに行うことが望ましいです。また、どのような状況でけがをしたかを分析できるよう日頃(ひごろ)の利用者の動きや施設環境面での危険箇所(きけんかしょ)などを把握(はあく)しておきましょう。

 **出血の種類とその特徴**

| 出血の種類 | 出血部位 | 出血量 | 特徴(とくちょう)・対応 |
|---|---|---|---|
| にじみ出るような出血 | 毛細血管 | 少量 | ・自然に止まることが多い |
| 赤黒くじわじわと出血 | 静脈 | 中量 | ・直接圧迫止血法が原則<br>・止血するまで圧迫を続ける |
| 鮮やかな赤色で勢いよく出血 | 動脈 | 多量 | ・直接圧迫止血法か間接圧迫止血法<br>・止血しながら、救急車を呼び医療機関につなげる |

## 3 てんかんの発作時は、口の中にタオルを入れる？！

**確認しよう！** てんかんの発作では、からだを揺すってよいのかな？

　利用者のEさんは、全身をガクガクさせて、てんかんの発作を起こしてしまいました。介護職のBさんは、Eさんのからだを揺すってみましたが、反応がなく、意識もないようです。Bさんは、Eさんが舌をかまないよう、口にタオルを入れようとしました。

 タオルを口に入れようとしたのは、舌をかまないようにするためだから、よさそうに見えるなあ。

 てんかん発作は急に現れると、あわてちゃうよね。てんかん発作への対応を確認しよう。

**100**

**確認しよう！**　どこがダメなの？　何がダメなの？

### チェック **1**　周りが安全かどうか確認していない！

　道路などの危険な場所で倒れた場合は、まずは、発作への対応を行う前に、安全な場所が確保できているかどうか確認することが優先されます。

### チェック **2**　からだを揺すっている！

　てんかん発作が起こったときに強い衝撃（しょうげき）を加えたり、からだを揺すすることは、脳への刺激になり、かえって発作が長引き、悪化させてしまいます。

### チェック **3**　タオルを口の中に入れようとしている！

　利用者が痙攣（けいれん）していて、歯を固くかみしめていたとしても、「痛そうだから」「舌をかんでしまいそうだから」と、口を無理にこじ開けようとすることや、口にタオルや物を詰め込む（つめこ）ことは、口の中を傷つけてしまったり、窒息（ちっそく）したりしてしまうおそれがあります。また、指を入れると、かまれてけがをしてしまうこともあります。

> ## てんかん
>
> 　てんかんとは、脳の神経細胞に突然発生する電気的興奮に伴って、意識障害や痙攣発作を起こす脳の病気です。高齢者に多いのは、脳梗塞（のうこうそく）などの脳の病気やアルツハイマー病などの神経変性疾患（しんけいへんせいしっかん）が原因の症候性てんかんです（年齢や性別に関係なく、原因が不明の突発性てんかんもあります）。脳のさまざまな場所で起こるので、症状もさまざまです。発作としては、全般発作、単純部分発作、複数部分発作などがあります。

**どうしたらいいの？** 対応方法と注意点を確認しよう

**ポイント 1** 周りの物などを整理し安全な場所を確保する

**ポイント 2** からだは揺さぶらない

痙攣しているときは、からだを揺さぶったり押さえつけたりしてはいけません。服のボタンやメガネ等をはずし、ベルトをゆるめ、発作の時間、様子を観察します。

**ポイント 3** 下あごを軽く上げる

かたいものを差し込むと歯が折れたり、口の中が傷ついたりするため、口の中には何も入れません。もし可能ならば、下あごを軽く上げるようにします。

**ポイント 4** 顔を横に向け、見守る

顔を上に向けていると、嘔吐物（おうとぶつ）が気管に詰まり、誤嚥性肺炎（ごえんせいはいえん）が起こるおそれがあるので、顔を横に向けます。呼吸が回復していると、口唇（こうしん）や爪の色はピンク色になります。

**ポイント 5** 意識が戻ってから意識の回復具合や手足の麻痺（まひ）などの状態を確認する

 **場面別痙攣時の注意点**

・入浴時
　呼吸ができるよう、浴槽（よくそう）の湯に顔をつけないようにしましょう。呼吸が停止している場合は、心肺蘇生法（しんぱいそせいほう）を行い、救急車を呼びましょう。
・食事中
　痙攣中に口の中から無理やり食べ物を出そうとするのは危険です。食器をひっくり返したりしないよう注意して見守ります。

## ● あわてずに落ち着いて対応しよう

　てんかん発作による痙攣を起こしている際は、利用者の動きも激しく、意識がなくなり呼吸が一時的に止まるなど、そばで見ていると驚いてしまうことがあるかもしれませんが、通常は数分で治まることが多いです。周囲の安全を確認したうえで、からだを押さえたり、口の中に物を入れたりせず、症状を注意深く観察します。呼吸は痙攣終了後 10 ～ 20 分ほどで回復するので、それまで落ち着いて見守ることが基本です。

　脳梗塞（のうこうそく）などの既往（きおう）がある人やてんかんの持病をもつ人は、抗てんかん薬などの薬を服用している場合が考えられます。利用者の病気や飲んでいる薬を確認することも、てんかんのリスクを知るうえでは重要です。発作が起きた際には、あわてず落ち着いて対応するよう心がけましょう。発作のたびにあわてて病院へ駆け込むのではなく、医師や看護師に発作の症状、痙攣の持続時間、意識消失・呼吸停止した時間などを正しく伝えられるようにしましょう。

### 痙攣とてんかんとの違い

　高齢者のてんかんには、痙攣がなく、意識障害や言葉が出ない、身体の麻痺（まひ）が 1、2 分現れるなど、脳虚血性発作（のうきょけつせいほっさ）や心筋梗塞（しんきんこうそく）などの別の疾患（しっかん）症状（しょうじょう）と似た症状を示し、見誤るものもあります。熱中症、脳外傷、脳動脈瘤破裂（どうみゃくりゅうはれつ）、アルツハイマー型認知症、脳腫瘍髄膜炎（のうしゅようずいまくえん）、脳炎、破傷風なども痙攣発作を起こす病気として考えられます。てんかんの持病がなく、初めて痙攣の発作が起きた場合や 5 分以上発作が続く場合は、特に医療職への報告が必須になります。

**4** 利用者の意識がないときは、
どうすればよい？！

考えてみよう！ 利用者が意識を失ったときの対応は？

　利用者のFさんが急にいすから落ち、倒れてしまいました。介護職のBさんは駆け寄り、声をかけましたが、Fさんからは返事がありません。Bさんはどうすればよいかわからず、その場で立ちつくしてしまいました。

 こうした場面はあせってしまって、何をすればいいかわからなくなってしまうね……

 倒れている利用者を発見した後の対応を考えてみよう！

**確認しよう！**　どこがダメなの？　何がダメなの？

### チェック **1**　利用者の意識レベルを把握できていない！

　まずは、意識がなくなっている利用者がどのような状態か確認する必要があります。意識障害には、声かけをすれば反応する傾眠から、意識が消失するものまで、さまざまなものがあります。意識レベルがどの程度の状態なのかを迅速に把握する必要があります。

### チェック **2**　医療職に連絡したり、救急車を呼んだりしていない！

　意識がない状態は、脳などに重篤な障害が起こっている場合があります。医療職に連絡したり、救急車を呼んだりしないと、利用者の生命の危険にかかわることになります。

次ページで対応の順番を
一つひとつ確認しよう！

**どうしたらいいの？** 一連の対応を確認しよう

### ポイント **1** 意識を確認しつつ、医療職を呼ぶ

　利用者がどのような状態か確認する必要があります。意識低下のなかには、傾眠から意識消失までさまざまなものがあります。意識の確認をし、安全を確保したうえで、医療職へつなぎます。また、場合によっては救急への手配が必要になります。

### ポイント **2** 呼吸の有無を確認する

　ふだんどおりの呼吸をしているか確認しましょう。呼吸があれば、回復体位にします。意識がなく呼吸もなければ、心肺蘇生法(しんぱい そ せいほう)を行います。

### ポイント **3** 意識と呼吸以外の観察を行う

　回復体位にした後は、以下の点を確認します。

・顔色　・バイタルサイン
・出血や外傷の有無　・吐(は)き気(け)や嘔吐(おうと)がないか
・悪寒(お かん)や冷や汗、ふるえがないか　・痙攣(けいれん)やしびれの有無

---

**回復体位**

　舌が喉(のど)に落ちる舌根沈下(ぜっこんちん か)や、嘔吐物による窒息を防ぐため、からだを横向きにして、気道を確保します。その際、利用者の上側の膝(ひざ)を約90度に引き寄せ、後ろに倒れないようにしましょう。

## ● 対応策を確認し、シミュレーションをしよう

　意識がなくなった利用者への対応は、なかなか慣れるものではありません。介護現場で経験年数を重ねていても、緊張感のある場面です。適切な対応をするためには、日頃から情報収集やシミュレーションを何度もやっておく必要があります。意識を失っている利用者を最初に発見するのは、私たち介護職であるということを忘れず、適切に初期対応ができるようにしましょう。

　また、心肺蘇生法や人工呼吸による延命処置については、本人や家族とも事前に共通認識をもっておく必要があります。本人の生き方や尊厳を尊重し、本人や家族、介護職、医療職などがともにチームとしてしっかり話し合うことが必要です。

### JCS（ジャパン・コーマ・スケール）

　医療現場では、意識レベルを評価するものとして、一般的にJCS（ジャパン・コーマ・スケール）が使われています。

| Ⅰ | 刺激なしでも覚醒している状態 |
|---|---|
| 1 | 意識がはっきりしない |
| 2 | 見当識障害がある |
| 3 | 自分の名前・生年月日が言えない |
| Ⅱ | 刺激に応じて一時的に覚醒する |
| 10 | 呼びかけで開眼する |
| 20 | 大声で呼びかけたり、強く揺すったりすると開眼する |
| 30 | 痛みや刺激を加えつつ、呼びかけ続けるとかろうじて開眼する |
| Ⅲ | 刺激しても覚醒しない |
| 100 | 払いのけるなどの動作あり |
| 200 | 手足を動かしたり、顔をしかめたりする |
| 300 | まったく反応しない |

# 5 やけどをしたら、軟膏？！

軟膏を塗るからそこの棚から取って！

**考えてみよう！** やけどには軟膏を塗ればよいのかな？

　利用者のGさんは一人暮らしをしています。あるとき、ポットのお湯で手にやけどをしてしまいました。訪問介護のためにGさんの自宅をちょうど訪ねた介護職のBさんは、Gさんに「いつもの軟膏を塗るから棚から取ってほしい」と頼まれました。

軟膏で治るなら十分だよね！

やけどの状態を確認しないで、軟膏で対応するのはよいのかな？

108

**確認しよう！**　どこがダメなの？　何がダメなの？

### チェック **1**　皮膚の状態を確認していない！

　やけどは、軽度から重度までの症状、すなわち表皮から皮下組織までの深さや広さ、部位などによって対応が異なります。やけどの症状によっては、軟膏を塗ることでかえって症状を悪化させたり、回復を遅らせたりする場合があります。

### チェック **2**　応急処置をしていない！

　やけどをしてから応急処置をせず、そのまま放置してしまうと、時間経過とともに、やけどが深刻な状態になる場合があります。

## やけどの状態の目安

| 深度 | 傷害部位 | 外見 | 症状 |
|------|----------|------|------|
| Ⅰ度 | 表　皮 | 皮膚の色が赤くなる | ひりひりと痛む |
| Ⅱ度 | 真　皮 | 赤く腫れ、水ぶくれ（水疱）になる | 強い痛みと灼熱感がある |
| Ⅲ度 | 皮下組織 | 乾いて、硬く、弾力性がなく、黒く壊死または蒼白になる | 感覚がなくなり痛みを感じなくなる |

**どうしたらいいの？**　まず、皮膚の状態を確認しよう

**ポイント 1　皮膚の状態を確認する**

　軽度のやけどでは、表皮の発赤や腫れ、ひりひりとした痛みがでることがあります。中等度や重度になると、浮腫性腫脹（ふしゅせいしゅちょう）や水ぶくれになったり、最悪の場合、壊死してしまうこともあります。

**ポイント 2　流水で冷やす**

　やけどの応急処置としては、やけどの範囲、深度にかかわらず、発赤や水疱ができる前にすぐに水道水で冷やすことが大切です。数分から 10 分以内に、患部に直接流水が当たらないように衣服やタオルの上から冷やします。衣服とやけどの部位が張り付いている場合は、はがさずに上から冷やしましょう。広範囲のやけどの場合、患部を冷やすとともに、からだ全体の保温にも留意します。

**ポイント 3　やけどの原因を確認する**

　やけどの原因は、熱湯に触れて起こるものだけではなく、低温やけどなどもあります。①いつ、②どの場面で、③どの温度で起きたのかを把握し、再発を防ぐことができるよう、生活環境の調整などを行います。

 **部位別応急処置**

| 部位 | 応急処置 |
|---|---|
| 手足 | 患部に直接当てず、衣服の上から水道水で流します。 |
| 顔・頭部 | シャワーなどで水をかける。氷水で冷やしたタオルを当てます。 |
| 目・耳 | 保冷剤や氷を包んだタオルを当てます。 |

## ● 応急処置を行い、再発を防ごう

　高齢者は加齢とともに感覚機能が変化するため、やけどに気がつかないこともあります。やけどを発見したときは、やけどした皮膚の状態、やけどの範囲、痛みの有無、水ぶくれの有無、やけどの原因を確認し、適切な応急処置を行いましょう。やけどが軽症でも、自己判断せず、医療職の指示に従います。

　軽度のやけどであっても皮膚の組織が傷ついている状態です。やけどにより損傷した皮膚などの体表面は、微生物の侵入を防ぐバリア機能がはたらかなくなるために感染症を引き起こしやすくなります。跡が残ってしまうこともあるので、継続的にやけどの部位を確認しましょう。

　施設で生活をしている高齢者のやけどで考えられる原因として、湯たんぽ、電気あんか、電気毛布、使い捨てカイロなどによる低温やけどが考えられます。入居者からの希望で持参を依頼する家族への説明や利用者に対しての適切な使用方法の説明、使用時の継続した観察が必要となります。

## 6 転倒しても、意識があれば大丈夫?!

考えてみよう!

　利用者のHさんは、廊下(ろうか)で足をすべらせ転倒(てんとう)し、頭を打ってしまいました。それを見ていた介護職のAさんは、Hさんを揺すり、意識を確認しました。Hさんはそのまま起き上がり、意識もあり話もできる状態だったので、そのまま自室まで歩いてもらい、動ける状態を確認したのち、経過観察としました。

Hさんは起き上がって話もできるし、大丈夫そうだね。

転倒後の対応は、これでよいのかな?

**確認しよう！**　どこがダメなの？　何がダメなの？

### チェック **1**　からだを揺すっている！

　転倒した人に対して、意識の確認の際、からだを揺すったり、動かしたりするなど、刺激を与えてはいけません。

### チェック **2**　転倒直後に歩かせている！

　意識を確認できたとしても、転倒直後に歩かせてはいけません。転倒によって起きる急性硬膜外血腫<ruby>急性硬膜外血腫<rt>きゅうせいこうまくがいけっしゅ</rt></ruby>は、受傷直後に一時的に意識が清明になる時期があります。

### チェック **3**　医療職に報告していない！

　意識があっても、急性硬膜外血腫や頭蓋内出血<ruby>頭蓋内出血<rt>とうがいないしゅっけつ</rt></ruby>だった場合、数時間経ってから頭痛、嘔吐、意識状態の変化がでることもあり、死にいたるケースもあります。直後に出血や腫れなどがなくても、骨折していたり、嘔吐などの症状がでたりする可能性もあります。

起きた後の経過も大事になるんだね。

後に出る症状も考えて、医療職には報告しなければならないね。

### ポイント 1　無理に動かさず、声かけを行い、意識を確認する

　転倒した直後は、無理に動かさず、声かけを行います。意識の有無、呼吸状態、頭部の痛み、外傷、腫れの有無を確認しましょう。その後、全身を観察し、ほかにぶつけた部分や痛み、外傷（擦り傷や腫れなど）がないか触れるなどの確認も必要です。

### ポイント 2　医療職に早めに報告し、受診する

　転倒の場合は、特に頭部を打った場合には、主治医などの医療職へ報告し、早めに受診するようにしましょう。また、医療職へ報告する際には、転倒した際の状況を明確に伝えましょう。

### ポイント 3　安静にできる場所へ移動する

　本人の意識や呼吸状態を確認後、本人が動ける状態かどうか、移動の有無も含めて、近くの医療職に判断をあおぎます。医療職等が周りにいなければ、介護職がけがや痛みの有無、バイタルサインを測定し、異常がなければ、安静な姿勢になれる場所（ベッドやソファーなど）に移動します。安静臥床後も、24 時間から 48 時間は、体調の変化や新たな部位に痛みが現れることもありますので、引き続き本人の状態を観察します。

## ● 転倒時の観察項目と医療職への報告ポイントを押さえよう

転倒時の観察項目としては、以下になります。

①意識の状態を確認します。

②呼吸の状態を確認します。

③転倒した際のぶつけた部位、痛みの有無、どの部位をどのような強さでぶつけたのか、腫れや内出血の有無、出血や外傷の有無を確認します。

④嘔吐・吐き気、痙攣などの有無。

⑤バイタルサイン（発熱・血圧・脈拍・酸素飽和度の数値）を測定する。

⑥転倒前後の経緯と利用者の自立状況。

医療職へ報告する際は、転倒したときの状態を伝えたうえで、①〜⑤までの状況を伝え、最後に⑥の転倒前後の経緯や状況、ふだんの利用者の ADL（日常生活動作）を伝え、受診するべきか、レントゲン撮影が必要かなど、すみやかに医療職が判断できるようにしましょう。

**115**

## 7 喉に異物が入ったら、背中をくり返したたく?!

ゲホッ ゲホッ

水を飲んで
ください!

**考えてみよう!** 背中をたたけば、咳は止まるのかな?

　利用者のIさんが食事中、何かを飲み込んでしまい、苦しそうに何度も咳き込んでいます。介護職のAさんは声をかけながら、座ったままのIさんの背中を何度もたたき、同時に水を飲ませようとしています。

喉に詰まったら大変だから、背中をたたいて吐き出させようとしたんだね!

吐き出してもらうことは必要だけど、背中をたたく対応でよいのかな?

**確認しよう！**　どこがダメなの？　何がダメなの？

### チェック **1**　背中を何度もたたいている！

　咳き込んでいるということは、からだが異物を取り除くための反応を示しています。そうした状態で、座ったままの状態でさらに何度も背中をたたくことは、効果がないばかりか異物を気管に落としてしまいます。また、ただ利用者に痛い思いをさせているだけになります。

　ほかにも、①誤飲・誤食したものがわからない場合、②口の周りがただれている場合、③よだれがたくさん出る場合、④意識がない場合、⑤痙攣している場合は、背中をたたいてはいけません。

### チェック **2**　咳き込んでいるのに、水を飲ませようとしている！

　異物を吐き出す前に水を飲ませることは、異物を飲み込ませることと同じです。喉に異物が入っている状態で水を飲ませることは、かえって呼吸困難や窒息を助長します。

咳が出ているということは、からだの
反応が正常ということなんだね。

利用者は痛いだけだから、むやみに
背中をたたくのはやめよう。

**117**

**どうしたらいいの？** 喉に異物が入ったら、咳を促すようにしよう

## ポイント **1** 利用者の状態を確認する

まずは、意識や呼吸の有無を確認します。そのうえで、何をどのくらい飲み込んだのかを確認します。

## ポイント **2** 咳をしてもらうよう促す

利用者が声を出せる場合は、咳をしてもらうよう声かけし、自力で異物を吐き出してもらうようにしましょう。

## ポイント **3** 咳が出ない場合は、口腔内の異物を取り出す

咳が出ない場合、声も出せず、顔が紅潮してきます。異物をさらに飲み込んでしまうおそれがあるため、使い捨て手袋を装着し、口<sup>こう</sup>腔内<sup>くうない</sup>の異物を取り出します。

---

 **窒息している場合**

窒息の際の異物除去には、背部叩打法<sup>はいぶこうだほう</sup>と腹部突き上げ法（ハイムリッヒ法）があります。一般的に、背部叩打法のほうが行いやすいです。

**背部叩打法**

利用者の頭部を下げて、胸かあごを一方の手でささえながら、もう一方の手のひらで背中の肩甲骨の間を強く数回たたく方法。

**腹部突き上げ法（ハイムリッヒ法）**

利用者の背後に回って、両脇の下から抱きかかえ、片手で握りこぶしを握り、みぞおちの下に当て、こぶしを手前に引くようにして腹部を突き上げる方法。

### ● 咳をするように促し、飲み込んだ異物を確認しよう

　異物を飲み込んだときは、意識の有無、呼吸の状態を確認後、適切な処置を行ったうえで、口腔内の観察と周囲の状況から飲み込んだものを確認しましょう。咳が出ているようであれば、咳を止めることはせず、口腔内の異物を吐き出してもらいます。咳が止まる、もしくは咳が弱まったら、再度口腔内を観察し、大きな異物が残っているようであれば、使い捨て手袋、ガーゼを使用し、異物を除去します。異物が喉の奥に入り込んでしまったり、介護職が指を噛まれてしまう危険性もあったりするため、十分に注意しましょう。意識があり、不安定な呼吸状態であったり、チョークサイン（窒息のサイン）がみられる場合は背部叩打法、腹部突き上げ法（ハイムリッヒ法）を行い、医療職へ報告、もしくは救急搬送を要請しましょう。

咳を止めるのではなく、
出してあげるんだね。

なぜ、異物を飲み込んだのか
アセスメントもしようね！

**119**

## 8 誤飲したときは、無理やり吐かせる！？

吐き出して
ください！

**考えてみよう！**　無理やり吐かせれば、すっきりするのかな？

　利用者のJさんは、顔色が悪く、吐き気をもよおしています。介護職のAさんは、Jさんのそばに液体芳香剤の容器があったため、Jさんが液体芳香剤を飲んでしまったと判断し、Jさんの口の中に手を入れ、飲んでしまったものを吐いてもらおうとしています。

とりあえず、飲んでしまったものを吐かせないと！

無理に吐かせようとして、利用者が苦しそうにしているね。
どのような対応をしたらよいのか考えてみよう！

120

【確認しよう！】　どこがダメなの？　何がダメなの？

### チェック 1　状態の確認が不足している！

　まず、本当に液体芳香剤を飲んでしまったのかという確認をしなければいけません。発見時の状況で推察はできますが、勝手に断定することは禁物です。

### チェック 2　無理に吐かせようとしている！

　誤飲した場合は、吐き気をもよおし、自然に嘔吐（おうと）する可能性もありますが、無理に嘔吐させることは、窒息（ちっそく）や誤嚥性肺炎（ごえんせいはいえん）、食道等の損傷につながります。また、誤って飲んだものの種類によっては、食道や胃等の消化器の損傷をより悪化させ、痙攣（けいれん）を引き起こす危険もあります。

## 吐かせてはいけないもの

　高齢者は視覚・味覚などの身体機能や判断力の低下、認知機能の低下などにより誤飲のリスクが高まります。誤飲しやすいものとして、薬の包装シートや部分入れ歯、漂白剤、乾燥剤などが多くみられます。飲み込んだものによっては吐いてしまったり、口の周りがただれてしまったりすることもあります。吐かせることで症状が悪化してしまう危険があるため、絶対に吐かせてはいけないものとしては以下のようなものがあげられます。

| 吐かせてはいけないもの | 理由 |
|---|---|
| 石油製品（灯油、マニュキア、除光液、液体殺虫剤など） | 肺炎の危険性がある |
| 「酸性」または「アルカリ性」の製品（漂白剤、トイレ用洗浄剤など） | 食道から胃を損傷させる |
| 防虫剤の樟脳（しょうのう） | 痙攣を起こす可能性がある |

出典：公益財団法人日本中毒情報センターのホームページより

**どうしたらいいの？**　無理に吐かせず、誤飲したものを取り除く

### ポイント 1　利用者の状態と周囲の状況を確認しよう

　実際に液体芳香剤を飲んでしまったのか、Jさんの息のにおいを
かぎ、嘔吐物を確認することも必要です。誤飲が疑われる際は、す
ぐに医師、看護師へ正確な情報を伝えなければいけません。意識の
有無、呼吸状態の確認のほかに、①何をどのくらいの量飲んでしまっ
たのか、②誤飲してからの時間、③嘔吐の有無、④認知症の有無、
⑤ふだん服用している内服薬、⑥周囲の状況を確認しましょう。

### ポイント 2　口の中に残っている薬物を取り除く

　実際に芳香剤を飲んだ場合、まだ口腔内に毒性の成分が残ってい
るかもしれません。利用者に声かけを行い、意識や呼吸状態の確認
後、可能であれば、口をすすいでもらい、うがいを促します。その
後、回復体位（左側臥位）で横になってもらい、嘔吐などに備えま
す。

### ポイント 3　医療職もしくは救急車を呼ぶ

　利用者が誤飲している場合は、状態観察を継続したうえで、すみ
やかに医療職に報告します。意識がはっきりしない、または痙攣を
起こしている場合は、救急車を呼ぶようにしましょう。なお、誤飲
したものが特定できたら、容器に書かれている対応方法を確認した
り、消防署に問い合わせるなどします。

**122**

## ● 無理に吐かせようとせずに、利用者の状態を確認しよう

　異物や毒物を誤って飲み込んでしまった利用者を発見したときは、無理に胃に入った内容物を吐き出させることはせず、声かけを行ったうえで、意識の有無（きちんとした返答の有無など）、呼吸状態（規則的な呼吸の有無など）を確認し、その後、状態により、可能であれば、うがいで口腔内の洗浄を行いましょう。嘔吐などの急変時に備え、回復体位（左側臥位）になってもらい、バイタルサインの測定（体温、脈拍、血圧、血中酸素飽和度）を行います。利用者の状態の観察を継続し、医師、看護師へ利用者の状態を報告、指示に基づいたケアを行いましょう。

## ● 再発を予防しよう

　視力や認知機能の低下により、異物や毒物が食べ物や飲み物に見えてしまったりすることがあります。一人ひとりに合った、個別的な対応、生活環境づくりを考えていくことが必要です。容器にわかりやすい言葉で大きく表記したり、手の届かない場所に設置したりするなど、管理方法を検討しましょう。

症状を踏まえて、対応することが大切だね。

誤嚥とあわせて、なぜ飲み込んだのかアセスメントしよう！

**123**

# Part 5

その他

間違いやすい対応を
中心に紹介するよ。

今まで行った対応を
振り返ることも
必要だね。

## 顔が赤くなったときは、仰臥位で休んでもらう?!

考えてみよう!　顔の紅潮にはどのように対応すればよいのかな?

　介護職のＡさんは、利用者のＣさんの顔が赤くなっていること
を確認しました。そこで、体温を測ってみましたが、熱はありませ
んでした。ＡさんはとりあえずＣさんにベッドで仰臥位になってい
てもらうことにしました。

 熱はなさそうだから、安静にしようと横になってもらったん
だね!

 顔が紅潮しているという症状だけをみて、ベッドで休ませる
対応でよかったのかな?

確認しよう！　どこがダメなの？　何がダメなの？

### チェック 1 　顔が紅潮している原因を探っていない！

　顔の紅潮には、高血圧や発熱、緊張などの精神的ストレス、入浴や運動後にみられるのぼせ、食事の際に起きた誤嚥など、さまざまな原因が考えられます。原因がわからないまま、ベッドに休ませてしまうことは最善ではありません。

### チェック 2 　仰臥位で休ませている！

　顔の紅潮の原因が食事での誤嚥であれば、喉や気管に残渣物が詰まっている可能性も高いため、すぐに仰臥位になることは窒息につながる危険性があります。

横になるときは、姿勢に
注意するべきなんだね。

**どうしたらいいの?**　顔が紅潮している原因に応じて対応しよう

**ポイント 1**　　状態を観察して医療職に報告のうえ、原因を確かめる

　顔が紅潮している利用者には、状態を確認するため、体温や血圧など、バイタルサインを測定します。

　また、観察のポイントとして、呼吸が荒い、呼吸数が少ない、厚着をしている、ここ数日排便がみられていない、口の中に食べ物が残っている、いつもより激しい運動をしていた、などがあります。顔の紅潮以外にどのような状態がみられるか、きちんと観察して、医療職に報告のうえ、原因を確かめるようにします。

**ポイント 2**　　原因を確かめたうえで、症状に応じた対応を行う

**血圧が高い場合**

　頭部を高くして休んでもらいましょう。

**誤嚥による窒息の場合**

　食べ物が喉に詰まり、窒息している状態であると考えられます。座位の状態で咳をしてもらい、窒息により、咳ができなければ、背部をたたいたり（背部叩打法）、腹部を突き上げたり（ハイムリッヒ法）、吸引をして、落ち着くまで様子を見ます。

**排便がみられていない場合**

　トイレへ誘導し、詰まっている便がスムーズに出せるよう腹部をさするなどします。

　顔が紅潮しているときは、めまいや立ちくらみを起こして転倒事故を起こす危険が十分考えられます。完全に顔の赤みがひくまでは、付き添い、医療職につないだうえで、状態の観察を続けましょう。

**128**

## ● 顔が赤い原因を確かめてから対応しよう

　顔が紅潮するのは発熱だけが原因ではありません。体温を測って熱がないからといって、ベッドに横になってもらうという対応は一面的といえるでしょう。

　まずは、バイタルサインのほか、利用者の状態を確認して顔の紅潮の原因を探ります。

　なお、明らかに顔が紅潮している状態で、会話が伝わらない、ぐったりしている、足取りが不安定、意識がもうろうとしている、体温が急激に上がり、血圧が高ければ、すみやかに頭部を高くすることを優先しましょう。その際は気道を確保したうえで、ベッドの頭部をギャッチアップ、あるいは枕やクッションなどを使って頭部を高くし、頭に上った血液を心臓に戻しやすい体勢づくりを心がけましょう。

　また、からだも熱くなっているようであれば、氷や冷却剤を用いて頭部を冷やしたり、洋服を薄着にしたり、部屋を換気して室温を下げたりするなど、介護職は、その状況に応じた迅速で冷静な状況判断と適正な行動をとることが大事です。

### 血圧を測る際に気をつけること

　静かな場所で、本人がリラックスできる状態で、正しい姿勢で、同じ時間に測るのがポイントです。

## 2 擦り傷ができたので、消毒をして乾かす？！

**考えてみよう！** 擦り傷ができたら、どのように対応すればよいのかな？

　利用者のＤさんの腕の皮膚(ひふ)に擦り傷ができてしまったので、介護職のＡさんは、患部を消毒し、乾燥させてからガーゼで保護しました。

感染予防のために消毒して、傷が大きくならないようガーゼで保護したんだね。

擦り傷などの皮膚トラブルにはどうしたらいいのかな？　傷が悪化してしまう可能性はないかな？

**確認しよう！**　どこがダメなの？　何がダメなの？

### チェック **1**　消毒している！

　一見、傷は消毒して殺菌するとよいように思いますが、皮膚の再生を担う細胞が障害を受けてしまいます。また、消毒をすることで傷の治りが悪くなってしまいます。

### チェック **2**　乾かしている！

　傷を乾かすと皮膚の細胞が成長しにくくなり、傷が治りにくくなります。

### チェック **3**　ガーゼでおおっている！

　乾かしたうえで、さらにガーゼでおおうと滲出液が吸収され、傷とくっついてしまいます。ガーゼを交換する際に、せっかく再生してきた皮膚をはがすことになり、痛みを伴ったり、傷を悪化させたりします。

## 傷が治るメカニズム

　人間はもともと、自己治癒力をもっています。けがをすると皮膚が損傷を受け、血管も断裂することで出血します。その損傷に反応して血液を固め止血するのが、血液中に含まれる血小板です。血小板は血管から白血球やマクロファージといった細胞を含んだ滲出液を分泌させます。これらの細胞が、傷口の細菌や汚染物質を除去し、皮膚を再生させます。

**どうしたらいいの？**　皮膚のトラブルへの対応

**ポイント 1**　　**対処法を確認しよう**

　皮膚に傷を発見したら、消毒するのではなく、使い捨て手袋を着用し、水道水でやさしく傷口を洗い流し、皮を伸ばします。出血があれば止血しますが、強く押さえすぎると、皮膚がめくれてしまうこともあるので、血が止まるのをしばらく待ち、慎重に押さえます。

**ポイント 2**　　**湿潤した環境を心がける**

　細胞を活性化させ、傷口を広げないためには湿った環境が大切です。ワセリンやアズノールなどのクッションになる軟膏（なんこう）をドレッシング材（例えばメロリンパット、モイスキンパットなど）に塗り、傷をおおいます。滲出液等で汚染されるため、1日1回は傷口を洗浄し、ドレッシング材を交換しましょう。

 **注意する傷**

　金属による傷、傷口が深いもの、すでに乾燥している傷、水ぶくれを伴っているものは、医療職に相談し、適切な処置を行ってもらいましょう。栄養状態の悪い高齢者は治るまで何日もかかります。処置後も滲出液の量や炎症（赤みや熱をもっている）が起きていないか、傷の治り具合はどうか、継続（けいぞく）して確認しましょう。

## ● 傷は「消毒しない」「乾かさない」「ガーゼでおおわない」

　傷は、「消毒しない」「乾かさない」「ガーゼでおおわない」という3つの原則を確認しましょう。医療職が不在の場合でも、応急処置ができるようにしましょう。規定上、介護職ができる処置としては、軽微な切り傷、擦り傷、やけどなどになります（p.156〜159）。皮膚の損傷が大きく、出血が止まらない、または炎症が起きて化膿している場合などは、医療職の指示に従います。

## ● 再発を予防しよう！

　高齢者は皮膚の乾燥、栄養不足、服用している薬の影響、糖尿病などの慢性的な病気など、さまざまな原因により皮膚がとても薄く、少しの衝撃でも大きな傷をつくったり、少しの圧で内出血になったりします。皮膚トラブルの原因をチームで把握し、日頃のケアの方法を見直してみましょう。

 **皮膚トラブルの予防方法**

・ベッドのサイドレールや手すりにカバーを巻く
・転倒リスクの高い利用者へのケアの見直し
・転倒しやすい場所の把握、施設環境の見直し
・車いすの腕や足が当たるところにカバーを巻く
・皮膚の乾燥を防ぐために保湿クリームを塗る
・皮膚の薄い利用者にはアームカバー・レッグウォーマーなどを着用してもらう
・移乗の方法、入浴時の介助方法を見直す
・テープをはがす際にリムーバーを使う

## 3 鼻血が出たら、上を向かせて首の後ろをたたく?!

**考えてみよう!** 鼻血が出たらどう止めればよいのかな?

　介護職のAさんは、利用者のEさんが鼻血を出しているのに気づきました。Eさんに上を向いてもらい、首の後ろをトントンとたたいて血が止まるのを待ちました。

 子どもの頃はこうして鼻血を止めたことがあるよ!

 子どもの頃はそうしていたかもしれないけど、はたしてその方法で本当によかったのかな?

134

**確認しよう！** どこがダメなの？　何がダメなの？

### チェック **1** 　上を向いている！

血は集まることで固まるという性質があります。上を向くと、集まった血が気道や食道に流れ込んでしまい、血が固まりにくくなり、誤嚥の原因にもなります。

### チェック **2** 　首の後ろをたたいている！

首の後ろをたたくと、その振動で固まりかけた血が動いてしまい、固まりにくくなります。また、たたくことで、刺激による血流が増し、止まりにくくなります。

 **鼻血**

鼻血とは、主に鼻の入り口付近の静脈からの出血のことをいいます。原因の多くは、鼻に指を入れたり、ぶつけたりすることでできる外傷です。強く鼻をかんだり、思い切りくしゃみ・咳をする、のぼせや興奮、刺激物のとりすぎ、アレルギー性鼻炎や風邪などによる鼻づまり、かゆいとき、鼻を強くこすったりする、薬の服用、乾燥、粘膜の障害などによっても起こります。また、薬の飲み忘れにより、血圧が上がり鼻血が出ることがあります。その他にも、鼻の奥の動脈からの出血は頭蓋底骨折に伴う出血もあり、危険なものもあります。

鼻血が出るメカニズムを
確認しよう！

**どうしたらいいの？**　座った姿勢で下を向き、鼻の中を保護しよう

### ポイント**1**　座った姿勢で下を向く

　鼻血が出たら、座った姿勢で下を向いてもらいます。介護職は使い捨て手袋をしたうえで小鼻（ふくらんでいる柔らかな部分）をつまみ、内部のキーゼルバッハ部位を 15 〜 20 分押さえ続けます。本人がワーファリン（血栓や塞栓<ruby>血栓<rt>けっせん</rt></ruby>や<ruby>塞栓<rt>そくせん</rt></ruby>の予防のために使われる血が固まるのを防ぐ作用をもつ薬）などの薬を飲んでいる場合は、さらに少し時間をかけます。血が流れないよう動かず、押さえ続けます。

### ポイント**2**　血が止まったら余計な刺激を与えない

　出血が止まったら、ティッシュやコットンなどで<ruby>詰め物<rt>つ も</rt></ruby>をしがちですが、詰め物の一部が鼻の中に残り、感染症の原因になったり、取るときにくっつき、血管を傷つけてしまうこともあります。

### 処置後の注意点

　処置後に、出血した部分に触れると、かさぶたがはがれ、再度出血を引き起こすこともあります。どうしても気になる利用者がいれば、マスクをするなど工夫をしましょう。また、入浴や運動、アルコールを飲用するなど血の巡りがよくなるような行為は、再度出血を起こす危険性があるため、避けましょう。

傷がつかないように処置することが
必要なんだね。

## ● 鼻血が出たときの対応法を確認しよう

　鼻血が出たら、下を向いて小鼻をつまみ、15 〜 20 分押さえ続けることでほとんどの場合止まります。止まったら、触らないようにしましょう。

　鼻血の原因のほとんどはひっかくことによる外傷ですが、そうでない場合もあります。外傷が原因でない鼻血がくり返される場合には、全身的な病気が隠れている場合があります。からだにあざが多い、正しく止血しても血が止まらない、歯肉など、鼻以外の部分からも出血がみられる場合は、すぐに医療職に報告し、医療機関を受診しましょう。

## ● 鼻血の予防法を確認しよう

　鼻血の予防法としては、鼻の粘膜（ねんまく）を直接刺激しないことが大切です。強く鼻をかまない、鼻に指を入れない、爪（つめ）を短くして先をヤスリで丸めておくなど、ふだんから気をつけましょう。乾燥に対しては、しっかりと保湿対策することが必要です。マスクを装着する、室内の湿度を適度に保つ、鼻の粘膜にワセリンを塗るなどして、鼻の粘膜を保護しましょう。

ワセリンは、鼻血の予防の際に塗ろう。

## 4 薬の服用で気をつけるべきことは？！

**考えてみよう！** 風邪薬の後に、頭痛薬を飲むのはよいのかな？

　自宅で一人暮らしをしている利用者のＦさんは、数日前から風邪（か）をひいて、医師から処方された風邪薬を服用しています。介護職のＢさんが訪問介護サービスのためにＦさんの自宅を訪れたところ、Ｆさんが頭が痛いと訴えたので、Ｂさんに市販の頭痛薬を服用してもらうことにしました。

服用していた風邪薬は効き目が薄かったのかな？　でも、頭痛薬を飲んだからさらに効くかもね！

介護職がこの場面で考えるべきこと・確認すべきことは何か考えてみよう！

確認しよう！　どこがダメなの？　何がダメなの？

**チェック 1　頭痛薬と風邪薬を飲み合わせようとしている！**

　薬の飲み合わせは、効き目が必要以上に強まる過剰作用が出たり、強い副作用が起こったり、薬の効き目をお互いに打ち消しあったりする可能性があります。副作用としては、食欲不振、胃の不快感、胃痛、悪心、嘔吐などの胃腸障害があります。副作用が強くなると、胃腸に激痛が起こったり、潰瘍ができてしまうこともあります。

### 風邪薬と頭痛薬の違いは？

　風邪薬には、消炎鎮痛剤のほかに、鼻水、くしゃみなどの鼻炎症状を抑えたり、喉の痛み、痰や咳症状を抑える成分が合わせて含まれています。頭痛薬には、消炎鎮痛剤のほかに、胃の粘膜保護の成分が含まれています。

風邪薬と頭痛薬に限らないね！

まずはどんな薬を飲んでいるのか、
介護職が知っておくことが大事だね。

**どうしたらいいの？** 必ず医療職に確認する

### ポイント 1 　必ずかかりつけの医師の指示をあおぐ

　風邪をひいていることを把握していた場合は、薬の服用について、利用者本人やほかの介護職に聞き、状況を振り返り、整理しましょう。もし、風邪薬を飲んでも頭痛がひどくて我慢できない場合には、必ずかかりつけの医師の指示をあおぎましょう。ほかの病気が原因で頭痛を起こしている可能性もありますので、薬を飲んでも一向に症状がよくならない場合は、すみやかに医師に報告しましょう。

### ポイント 2 　薬の成分と効能を理解して、安全な使い方をする

　処方された風邪薬の作用・副作用は必ず把握しておき、服薬期間と効果や効能を理解することが大切です。また、痛み止めの薬に頼りすぎる人は、飲み慣れてしまうことで効き目を薄く感じ、効き目の強い薬や追加薬を望みがちです。

　しかし、消化管出血などの副作用が起こりやすくなるため、医療職に報告・相談しましょう。

まずは、薬の成分・効用を理解したうえで、医療職につなげるんだね。

## ● 高齢者への薬の作用を考えよう

　高齢になると、肝臓や腎臓の機能が低下して、薬の代謝分解が遅くなるため、副作用が出やすくなります。また、薬の吸収も遅く、薬の作用が遅れて現れる可能性があります。慢性の病気や複数の病気をかかえて、多種類の薬を使用している人もいます。そうした状況で風邪薬を服用しても、期待どおりの効果がみられません。また、せん妄になることもあります。高齢者には高齢者のペースがあることを、きちんと理解しておくことが大事です。

　薬は病気を治すために役立つ重要なものですが、飲み方を間違えると、命の危険にも結びつく非常に怖いものでもあります。介護の現場では、薬に頼りたがる利用者も多いため飲ませることにも慣れてきてしまいがちですが、安易に薬を飲ませることはやめましょう。自分の判断だけで飲ませることは絶対にせず、必ず医師や看護師の指示をあおぎ、その指示を守ることで、利用者の安全が守られることになります。薬を飲ませる前に、介護の現場でできることを考えてケアできるようにしましょう。

　利用者が完治するまで、ゆっくり休めるよう環境を整えたり、経過を観察したり、医療職に正確に報告したりすることを優先しましょう。

薬を服用させる前に介護職としてできることは
何か常に考えよう。

## 5 食欲不振でも決まった時間に 食べてもらう?!

**考えてみよう!** なぜ、食欲がないのかな?

　食欲旺盛で食べることが大好きな利用者の G さんは、ふだんと比べ、食べるペースもゆっくりで、朝食を半分以上残し、水分もとりたがりません。介護職の A さんはとりあえず、決まった時間に食べたほうがよいと考え、G さんに食べるよう促しています。

Gさんはいつもこの時間に食べてるし、ちょっとでも食べてもらったほうがいいんじゃないかな?

Gさんが食事をとらない理由は何だろう?　この場面で決まった時間に食べてもらう必要性はあるのか考えてみよう!

**確認しよう！**　どこがダメなの？　何がダメなの？

### チェック **1**　食べない理由を把握していない！

　ふだんから食欲旺盛な G さんが、食事を半分以上残しているのには何か理由があるはずです。おなかが空いていない、あまり好きなおかずがなかった、排泄を我慢しているなど、高齢者に限らず、食事を残したり、食事に集中できない理由はさまざまです。そうした理由を探らずに対応しようとしてはなりません。

### チェック **2**　決まった時間に食べてもらおうとしている！

　例えば、ふだんから食欲旺盛な利用者が、突然食事をとらなかった場合、そこには食事に手をつけない何らかの理由があります。その理由を探ったうえで、対応を考えましょう。決まった時間に食べさせようとすることは、利用者の食事の楽しみを奪ってしまうことになりかねません。

　無理やり食べさせるのは、利用者の尊厳を損なうことになるよ。なぜ、食べないのか、把握するようにしよう！

## ポイント **1**　食べたくない理由を考えてみよう

　ふだんの様子との違いを見きわめるには、日常の記録を確認し、
把握することが必要です。食事摂取量、水分摂取量、睡眠状況（しっ
かり休めているか）、排泄状況（便秘をしていないか）、ふだんと
違う様子はなかったかなど、健康管理における情報を取得しておき
ましょう。

　食べたくない理由が、満腹感や食事の好みなどであれば、Gさん
の訴えに応じた対応をすることが望ましいでしょう。また、体調の
変化も考慮しなければいけません。活気がない、元気がない、ぼん
やりしている、顔色が冴えない、目に力がない、ウトウトしている、
動きたがらない、倦怠感があるなど、全体的な印象も観察しておき
ましょう。

## ポイント **2**　時間をずらすなどの対応を行う

　決まった時間に食事をするのではなく、時間をずらして提供する
ことも対応方法の一つです。また、どうしても食事をとりたくない、
またはとれない場合は、水分の摂取量などに気をつけましょう。お
茶以外にも甘いジュースやゼリーなど、形を変えたもので水分を
とってもらうようにしましょう。

### ● 日頃から利用者の様子を観察し、変化に気づけるようにしておこう

　感覚機能などが低下しやすくなる高齢者は、自分の体調の変化に気づきにくく、また、顕著（けんちょ）に症状が現れにくいことで、対応が遅れ、状態が悪化する可能性があります。一番身近にいる介護職が体調不良の徴候（ちょうこう）にいち早く気づき、医療職につなぐことが、安心できる生活の提供につながります。

　ふだんの利用者の全体的な印象、食事や水分の摂取量および排泄状況、バイタルサインなどを把握し、介護職だけで判断するのではなく、介護職同士、医師、看護師と情報を共有し、連携（れんけい）しながら、利用者の状態に応じて対応しましょう。

　日頃（ひごろ）の観察において、3食食べられない日が続いた場合や、水分がとれない場合は、すみやかに医療職に報告できるようにしましょう。

介護職が原因を判断するのではなくて、多職種で利用者を支援することが大切なんだね。

**6** 必ず1日に1.5ℓ以上の水を
飲んでもらう?!

1日1.5ℓ飲みましょう!

もう
飲めません……

ファイト!

水

**考えてみよう!** 本当に1日に1.5ℓ飲まなければならないのかな?

　介護職のAさんは、朝起きたばかりの利用者のHさんをリビングへ連れていき、「1日1.5ℓを目指して、がんばりましょう!」と、声をかけ、水を飲ませようとしています。Hさんはつらそうな表情で水を飲んでいます。

1日1.5ℓ水分をとってもらうって教わったよ!

水分をとるのは確かに重要だけど、今のHさんにとって本当に1.5ℓ飲んでもらうことが適切か、考えてみよう!

**確認しよう！**　どこがダメなの？　何がダメなの？

**チェック 1**　Hさんの適量を考えていない！

　水分をとる必要があるということは誰もが理解していると思います。しかし、1日に1.5ℓ水を飲むことだけが一人歩きして、その人に合った適切な水分量が考えられていないのではないでしょうか。その人にとって適切な水分量は年齢や性別、体重、疾患によって違います。また、無理にたくさん水を飲ませてしまうことで、胃や肺、心臓、腎臓などに大きく負担がかかります。

**チェック 2**　水分をとるタイミングを考えていない！

　朝起きたばかりの利用者にたくさん飲んでもらうことは無理があります。また、1日中寝ている人にたくさん水分をとるようにすすめることは適切ではありません。

**チェック 3**　水を飲めばよいと思っている！

　水分をとる方法は、ただがんばって水やお茶を飲む以外にもたくさんあります。特に看取りの時期を迎えている人や認知症の人、好き嫌いや食べ物のこだわりが強い人などに対しては工夫が必要になります。

その人に合う適切な水分摂取の方法を考えよう

## ポイント 1　観察からその人に合った適量を見きわめる

　健康な人は一定の水分をとってもからだが処理してくれますが、腎機能や内臓器官が徐々に弱ってきている人には注意が必要です。看取りの時期を迎えている人などは、水分摂取ができず、点滴で補給をした結果、からだのむくみが顕著に現れることもあります。また、尿量との比較や尿の色を確認することも重要になってきます。

　喉の渇きなどを自ら訴えられない認知症の人などは、入る量と出る量を比較してみるとよいでしょう。日頃のかかわりのなかで、摂取すべき水分の量を見きわめることも、できるのではないでしょうか。

## ポイント 2　水分摂取のタイミングを工夫する

　水分を自然に摂取するタイミングを考えることも大事です。例えば、お風呂から出たタイミングで水分をすすめるだけではなく、散歩に行った後や、歌を歌った後、庭でおしゃべりをしながらおせんべいと一緒にお茶を飲んだりするなど、タイミングはたくさんあります。

## ポイント 3　本人がすすんで水分を摂取できるような工夫をする

　ジュース類は比較的味覚が低下してきている人でもよく飲んでくれることが多いです。脱水症状を示す利用者には、経口補水液を補給することもよいでしょう。また、頻度としても一度に量を多くとるよりも、起きてから朝食をとるまでにコーヒーを1杯飲んだり、午前中に散歩に行き、そのままお庭でお茶会をするなど、楽しく過ごすなかで水分を自然にとるよう工夫することも大切です。

**148**

## ● その人に合う適切な水分量をアセスメントしよう

　水分をとることは、私たちが何気なく行っている生活動作の一つですが、自らの意思でできない人にとっては生命を維持する大切な行為になります。

　介護を行うなかでは、からだに入る水分量と汗や尿となってからだから排出される量の見きわめが重要になります。脱水などを防ぐためには、日々の全体的な観察やアセスメントが必要になります。同じ水分補給でもいかに気持ちよく快適に水分を摂取してもらえるかを追究することも、介護を行ううえで重要です。

## ● 脱水を予防しよう

　脱水症を予防するには、体内に必要な水分を定期的に摂取する必要があります。しかし、筋力がおとろえてトイレまでの移動が億劫になったり、失禁の経験があったりすると、トイレに行く回数を減らそうと自分で水分の摂取をひかえてしまう人がいます。そのため、水以外にも、水分不足に適する飲み物やデザートにしたりするなど、本人がすすんで摂取できるように工夫しましょう。また、すぐ手が届く場所に飲み物を出したり、水分の摂取量を記録する表などを作成して活用したりすることで、脱水の予防を図ることができます。感覚機能がおとろえている高齢者は、喉の渇きやからだの不調に自ら気づきにくいため、介護職はそれに気づき、対応することが求められています。

**血便を発見したら、何をすればよい？**

血が付いているけど、
薬の副作用の影響だな……

**考えてみよう！** 介護職のAさんは、なぜ対応できなかったのかな？

　介護職のAさんは、あるとき、利用者のIさんがいつもより少し赤みがかった便が出ているのを見つけましたが、服用している薬の副作用と考え、医療職などに報告せず、そのままにしてしまいました。

ふだんの便の状態がわからなかったら、対応できないね。

薬の副作用だからってそのままにしていいのかな？

【確認しよう！】　どこがダメなの？　何がダメなの？

### チェック 1　便の性状をきちんと確認していない！

　Iさんの「いつも」の便の状態を確認しましょう。色や形状、においなど、いつもと何が違うのかを明確に報告できるよう観察することが大切になります。

### チェック 2　排泄前後の利用者の状態を把握していない！

### チェック 3　薬の副作用だと勝手に判断している！

## 血便（赤い便、鮮血便）が疑われる病気・疾患

　血便（赤い便、鮮血便）とは、大腸・小腸・直腸など、下部の消化器官からの出血や肛門からの出血を指します。なお、胃や十二指腸などの上部の消化管からの出血により黒い便（タール便）が出ます。この場合にも潜血反応は陽性となります。血便（赤い便、鮮血便）が疑われる病気や疾患は、以下のとおりです。
・痔核、裂肛　・大腸ポリープ、早期大腸がん
・進行大腸がん、直腸がん　・潰瘍性大腸炎
・虚血性大腸炎　・大腸憩室症
・出血性大腸炎　・偽膜性腸炎

## 〔参考〕血尿が疑われる病気・疾患

　血尿が疑われる病気・疾患は、以下のとおりです。
・急性糸球体腎炎　・膀胱炎　・尿路結石
・慢性腎炎症候群　・膀胱がん　・尿路損傷（カテーテルなどによる）

**どうしたらいいの?**　異変に気づいた後の流れを確認しよう

**ポイント 1**　「いつも」の便と違うことに気づく

　「いつも」の便の状態を把握(はあく)したうえで、異常に気づく観察力を
もてるようにしましょう。報告のため、可能であれば、利用者の了
承を得たうえで、便の写真を撮ることもあります。

**ポイント 2**　楽な姿勢にし、医療職に報告する

　たとえ少量の血でも、消化管での出血だと緊急(きんきゅう)を要することがあ
ります。自己判断せず、楽な姿勢にしたうえで必ず医療職に報告し
ましょう。

　また、医療職に報告する際は、以下のポイントを確認します。

| |
|---|
| ・便の色、量、性状　・意識の有無(うむ) |
| ・呼吸の様子（いつもの呼吸と違いはないか） |
| ・嘔吐(おうと)がないか　・腹痛がないか |
| ・便秘はないか　・アルコールを飲んでいないか |
| ・過去に下血はないか　・ふだん服用している薬 |
| ・いつもと違う薬を服用していなかったか |
| ・直近2、3日の食事内容 |

**ポイント 3**　医療職より飲食について、指示をあおぐ

**〔参考〕血尿の観察ポイントとその対応**

　血尿が出た場合は、便の観察のポイントに加えて、尿道カテーテルの
有無、排尿時の痛み、脱水傾向の有無を確認しましょう。また、尿道が
閉塞（つまってしまう）して、下腹部が張っている場合や、濃い血尿の
場合は、水分摂取をすると危険なことがあります。逆に薄い血尿の場合
は、尿を出すことで閉塞の予防になるので、水分補給が大切になります。

## ● 便の「いつも」の観察が大切

　利用者の毎日の便の「いつも」の状態を把握することは重要です。食事などの記録や服薬状況などをとおして、生活状態を総合的にみることが大切です。茶色くて適度にやわらかく、バナナ状の便が毎朝出るのが理想的ですが、飲酒習慣のある人などは、独特のにおいがある便をします。また、病気などで飲んでいる薬によって、便のやわらかさや色も異なります。便秘気味の人、少食の人、水分摂取量（すいぶんせっしゅりょう）によっても便の状態が変わってきます。また、おむつでの排便では見かけの性状が変わります。ストレスがかかるとお腹（なか）がゆるくなるなど、精神状態によっても変わります。

　そうした「いつも」の便の状態を把握し、迅速（じんそく）に対応することが重要です。一例では、消化器の病気をかかえている人や認知症のある人は、便秘による不快感のため、イライラしたり、落ちつきをなくすこともあります。そういった意味でも、毎日の便のチェックはとても重要です。

## ● 〔参考〕尿についても「いつも」の観察が大切

　また、尿については、色や濃さなど、食事量や薬の摂取、水分摂取量や発汗量などでも変わります。水分摂取量が少ない場合は、濃縮尿であることも多くみられます。

　排尿痛・腹痛・出血が止まらないなどの場合は、尿路感染、腎臓の病気、腫瘍（しゅよう）が疑われるので、すみやかに医師の診察を受けます。

間違いがちな
対応だから
気をつけないとね！

正しい対応を
一つひとつ丁寧に
確認しよう！

# 資料

●医師法第 17 条、歯科医師法第 17 条及び保健師助産師看護師法第 31 条の解釈について（通知）

〔平成 17 年 7 月 26 日〕
〔医政発第 0726005 号〕

　医師、歯科医師、看護師等の免許を有さない者による医業（歯科医業を含む。以下同じ。）は、医師法第 17 条、歯科医師法第 17 条及び保健師助産師看護師法第 31 条その他の関係法規によって禁止されている。ここにいう「医業」とは、当該行為を行うに当たり、医師の医学的判断及び技術をもってするのでなければ人体に危害を及ぼし、又は危害を及ぼすおそれのある行為（医行為）を、反復継続する意思をもって行うことであると解している。

　ある行為が医行為であるか否かについては、個々の行為の態様に応じ個別具体的に判断する必要がある。しかし、近年の疾病構造の変化、国民の間の医療に関する知識の向上、医学・医療機器の進歩、医療・介護サービスの提供の在り方の変化などを背景に、高齢者介護や障害者介護の現場等において、医師、看護師等の免許を有さない者が業として行うことを禁止されている「医行為」の範囲が不必要に拡大解釈されているとの声も聞かれるところである。

　このため、医療機関以外の高齢者介護・障害者介護の現場等において判断に疑義が生じることの多い行為であって原則として医行為ではないと考えられるものを別紙の通り列挙したので、医師、看護師等の医療に関する免許を有しない者が行うことが適切か否か判断する際の参考とされたい。

　なお、当然のこととして、これらの行為についても、高齢者介護や障害者介護の現場等において安全に行われるべきものであることを申し添える。

（別　紙）

1　水銀体温計・電子体温計により腋下で体温を計測すること、及

び耳式電子体温計により外耳道で体温を測定すること

2　自動血圧測定器により血圧を測定すること

3　新生児以外の者であって入院治療の必要がないものに対して、動脈血酸素飽和度を測定するため、パルスオキシメータを装着すること

4　軽微な切り傷、擦り傷、やけど等について、専門的な判断や技術を必要としない処置をすること（汚物で汚れたガーゼの交換を含む。）

5　患者の状態が以下の３条件を満たしていることを医師、歯科医師又は看護職員が確認し、これらの免許を有しない者による医薬品の使用の介助ができることを本人又は家族に伝えている場合に、事前の本人又は家族の具体的な依頼に基づき、医師の処方を受け、あらかじめ薬袋等により患者ごとに区分し授与された医薬品について、医師又は歯科医師の処方及び薬剤師の服薬指導の上、看護職員の保健指導・助言を遵守した医薬品の使用を介助すること。具体的には、皮膚への軟膏の塗布（褥瘡の処置を除く。）、皮膚への湿布の貼付、点眼薬の点眼、一包化された内用薬の内服（舌下錠の使用も含む）、肛門からの坐薬挿入又は鼻腔粘膜への薬剤噴霧を介助すること。

①　患者が入院・入所して治療する必要がなく容態が安定していること

②　副作用の危険性や投薬量の調整等のため、医師又は看護職員による連続的な容態の経過観察が必要である場合ではないこと

③　内用薬については誤嚥の可能性、坐薬については肛門からの出血の可能性など、当該医薬品の使用の方法そのものについて専門的な配慮が必要な場合ではないこと

注1　以下に掲げる行為も、原則として、医師法第 17 条、歯科医師法第 17 条及び保健師助産師看護師法第 31 条の規制の対象とする必要がないものであると考えられる。

① 爪そのものに異常がなく、爪の周囲の皮膚にも化膿や炎症がなく、かつ、糖尿病等の疾患に伴う専門的な管理が必要でない場合に、その爪を爪切りで切ること及び爪ヤスリでやすりがけすること

② 重度の歯周病等がない場合の日常的な口腔内の刷掃・清拭において、歯ブラシや綿棒又は巻き綿子などを用いて、歯、口腔粘膜、舌に付着している汚れを取り除き、清潔にすること

③ 耳垢を除去すること（耳垢塞栓の除去を除く）

④ ストマ装具のパウチにたまった排泄物を捨てること。（肌に接着したパウチの取り替えを除く。）（＊）

⑤ 自己導尿を補助するため、カテーテルの準備、体位の保持などを行うこと

⑥ 市販のディスポーザブルグリセリン浣腸器（※）を用いて浣腸すること

※ 挿入部の長さが5から6センチメートル程度以内、グリセリン濃度50%、成人用の場合で40グラム程度以下、6歳から12歳未満の小児用の場合で20グラム程度以下、1歳から6歳未満の幼児用の場合で10グラム程度以下の容量のもの

注2 上記1から5まで及び注1に掲げる行為は、原則として医行為又は医師法第17条、歯科医師法第17条及び保健師助産師看護師法第31条の規制の対象とする必要があるものでないと考えられるものであるが、病状が不安定であること等により専門的な管理が必要な場合には、医行為であるとされる場合もあり得る。このため、介護サービス事業者等はサービス担当者会議の開催時等に、必要に応じて、医師、歯科医師又は看護職員に対して、そうした専門的な管理が必要な状態であるかどうか確認することが考えられる。さらに、病状の急変が生じた場合その他必要な場合は、医師、歯科医師又は看護職員に連絡を行う等の必要な措置を速やかに講じる必要がある。

　また、上記1から3までに掲げる行為によって測定された数値を基に投薬の要否など医学的な判断を行うことは医行為であり、事前に示された数値の範囲外の異常値が測定された場合には医師、歯科医師又は看護職員に報告するべきものである。

注3　上記1から5まで及び注1に掲げる行為は原則として医行為又は医師法第17条、歯科医師法第17条及び保健師助産師看護師法第31条の規制の対象とする必要があるものではないと考えられるものであるが、業として行う場合には実施者に対して一定の研修や訓練が行われることが望ましいことは当然であり、介護サービス等の場で就労する者の研修の必要性を否定するものではない。

　また、介護サービスの事業者等は、事業遂行上、安全にこれらの行為が行われるよう監督することが求められる。

注4　今回の整理はあくまでも医師法、歯科医師法、保健師助産師看護師法等の解釈に関するものであり、事故が起きた場合の刑法、民法等の法律の規定による刑事上・民事上の責任は別途判断されるべきものである。

注5　上記1から5まで及び注1に掲げる行為について、看護職員による実施計画が立てられている場合は、具体的な手技や方法をその計画に基づいて行うとともに、その結果について報告、相談することにより密接な連携を図るべきである。上記5に掲げる医薬品の使用の介助が福祉施設等において行われる場合には、看護職員によって実施されることが望ましく、また、その配置がある場合には、その指導の下で実施されるべきである。

注6　上記4は、切り傷、擦り傷、やけど等に対する応急手当を行うことを否定するものではない。

（＊）2011（平成23）年、厚生労働省より、ストマおよびその周辺の状態が安定し専門的な管理が必要とされない場合、パウチの交換は原則として医行為には該当しないとされる通知が出された。

# 監修・編著紹介

## 先崎　章（せんざき　あきら）

東京福祉大学社会福祉学部　専任教員
埼玉県総合リハビリテーションセンター　埼玉県高次脳機能障害者
支援センター　センター長

　医学博士。専門はリハビリテーション医学、精神医学。1986 年に東京医科歯科大学医学部を卒業後、都立広尾病院、静和会浅井病院、東京医科歯科大学附属病院、都立豊島病院、埼玉県総合リハビリテーションセンターなどに勤務。2009 年より東京福祉大学社会福祉学部教授および埼玉県総合リハビリテーションセンター医師にて現在に至る。

## 安西　順子（あんざい　よりこ）

有限会社　プラン・ウエスト　代表取締役
宅老所・デイサービス『ひぐらしのいえ』　代表
ひぐらし訪問看護ステーション　管理者

　看護師。1978 年に国立武蔵看護学校を卒業後、防衛医科大学校病院勤務。2003 年有限会社プラン・ウエスト設立。2004 年千葉県松戸市に宅老所・デイサービス『ひぐらしのいえ』にて共生ケアを開始、2007 年に高齢者・障害者長期滞在型施設『ひぐらし荘』、2009 年にデイサービス『となりんち』、2015 年『ひぐらし訪問看護ステーション』を開所。現在に至る。

# 執筆者紹介

## 青柳　澄（あおやぎ　すみ）

元 宅老所・デイサービス『ひぐらしのいえ』管理者　介護福祉士
社会福祉士

## 秋本　大輔（あきもと　だいすけ）

宅老所・デイサービス『ひぐらしのいえ』管理者　作業療法士

## 石島　敏明（いしじま　としあき）

社会福祉法人南生会　南生苑　介護福祉士

## 小沼　昌広（こぬま　まさひろ）

『ひぐらし荘』所長、宅老所・デイサービス『ひぐらしのいえ・となりんち』介護福祉士

**ステップアップ介護**
# よくある場面から学ぶ疾患・症状への対応

2020 年 4 月 20 日　発行

監　修 ·················· 先崎章

編　著 ·················· 安西順子

発行者 ·················· 荘村明彦

発行所 ·················· 中央法規出版株式会社
　　　　　　　　　　〒 110-0016 東京都台東区台東 3-29-1 中央法規ビル
　　　　　　　　　　営　　業　　　　Tel. 03-3834-5817　Fax. 03-3837-8037
　　　　　　　　　　取次・書店担当　Tel. 03-3834-5815　Fax. 03-3837-8035
　　　　　　　　　　https://www.chuohoki.co.jp/

装幀・本文デザイン ······· 石垣由梨、齋藤友貴（ISSHIKI）

本文イラスト ·················· 堀江篤史

キャラクターイラスト ········· こさかいずみ

印刷・製本 ·················· 株式会社アルキャスト

ISBN978-4-8058-8114-9